PARLONS KOUMYK

Parlons...

Collection dirigée par Michel Malherbe

Déjà parus

Parlons kirghiz, Rémy DOR, 2004.
Parlons luxembourgeois, François SCHANEN, 2004.
Parlons ossète, Lora ARYS-DJANAÏEVA, 2004.
Parlons letton, Justyna et Daniel PETIT, 2004.
Parlons cebuano, Marina POTTIER-QUIRÓLGICO, 2004.
Parlons môn, Emmanuel GUILLON, 2003.
*Parlons chichewa,*Pascal KISHINDO, Allan LIPENGA, 2003.
Parlons lingala, Edouard ETSIO, 2003.
Parlons singhalais, Jiinadasa LIYANARATAE, 2003.
Parlons Purepecha, Claudine CHAMOREAU, 2003.
Parlons Mandinka, Man Lafi DRAMÉ, 2003
Parlons Capverdien, Nicolas QUINT, 2003
Parlons navajo, Marie-Claude FELTES-STRIGLER, 2002.
Parlons sénoufo, Jacques RONGIER, 2002.
Parlons russe (deuxième édition, revue, corrigée et augmentée), Michel CHICOUENE et Serguei SAKHNO, 2002.
Parlons turc, Dominique HALBOUT et Gönen GÜZEY, 2002.
Parlons schwytzertütsch, Dominique STICH, 2002.
Parlons turkmène, Philippe-Schemerka BLACHER, 2002.
Parlons avikam, Jacques RONGIERS, 2002.
Parlons norvégien, Clémence GUILLOT et Sven STORELV, 2002.
Parlons karakalpak, Saodat DONIYOROVA, 2002.
Parlons poular, Anne LEROY et Alpha Oumar Kona BALDE, 2002.
Parlons arabe tunisien, M. QUITOUT, 2002.
Parlons polonais, K. SIATKOWSKA-CALLEBAT, 2002.
Parlons espéranto (deuxième édition, revue et corrigée), J. JOGUIN, 2002.
Parlons bambara, I. MAIGA, 2001.
Parlons arabe marocain, M.QUITOUT, 2001.
Parlons bamoun, E. MATATEYOU, 2001.
Parlons live, F. de SIVERS, 2001.
Parlons yipunu, MABIK-ma-KOMBIL, 2001.
Parlons ouzbek, S. DONIYOROVA, 2001.

Saodat DONIYOROVA

PARLONS KOUMYK

L'Harmattan
5-7, rue de l'École-Polytechnique
75005 Paris
FRANCE

L'Harmattan Hongrie
Hargita u. 3
1026 Budapest
HONGRIE

L'Harmattan Italia
Via Degli Artisti 15
10214 Torino
ITALIE

L'auteur adresse ses remerciements pour ses précieux conseils à Mme Vahidova Mounira, professeur de français à l'Institut des Langues Étrangères de l'Université de Samarkand.

ISBN : 2-7475-6447-9
EAN : 9782747564472

PARLONS KOUMYK

INTRODUCTION

Le nom même de koumyk, parfois orthographié kumyk, est fort peu connu des Français. Le mot **koumyk** signifie *le sable*. Selon une autre version, le mot **koumyk** est lié au mot Kimak qui signifie *Kipchak*. Il y a aussi une autre version selon laquelle le mot koumyk est derivé du nom du village lak (un des peuples du Daghestan) **Казикумух.** Les peuples montagnards du Daghestan appelaient les Koumyks *«les habitants de la vallée»* ou *«les habitants des steppes»*. Par exemple : les Darghines les appelaient **диркъаланти**, les Avars les nommaient **ларигьал**, les Laks à leur tour les appelaient **арнисса**.
Nous allons voir que les Koumyks sont un vieux peuple, à l'histoire passionnante, au sein du Daghestan, celui- ci, à son tour, est dans le cadre de la Fédération de Russie.

Aperçu historique

Les Koumyks, habitants des contrebas du Caucase, sont mentionnés comme nationalité dans des écrits du XIVème siècle. Les Koumyks sont un peuple turc. Selon les historiens, leurs très anciens ancêtres étaient les Huns, tribu turque du IVème siècle de notre ère. Les témoignages parvenus jusqu'à nos jours sont fragmentaires et rares, mais ils permettent cependant de connaître la vie des ancêtres des Koumyks, de juger de leur amour de la liberté, de leur vaillance et de leur fierté.
Aux Vème et VIème siècles se sont formés des Etats féodaux comme Lak, Tabassaran, Zerihgeran, Kaytague, Goumyk, Serire, Derbent, Maskoute qui ont joué un grand rôle dans l'histoire du Caucase.

Aux VIIIème et XIème siècles, il y avait un Etat connu sous le nom de Khazar dont la capitale était Semender (Makhatchkala contemporain). Les VIIème et VIIIème siècles sont la période des guerres entre Khazars et Arabes. Peu à peu le peuple fut islamisé.
La stabilisation territoriale et la consolidation ethnique du peuple koumyk ont été interrompues par l'invasion mongole au XIIIème siècle et à l'époque des campagnes de Timour (Tamerlan).
Depuis longtemps, la Russie s'est intéressée au Caucase, aux terres appartenant aux Koumyks. Les premiers contacts des Koumyks avec la Russie (à la fin du XVIème siècle) furent une rude confrontation, mais peu à peu l'union s'établit. L'Etat des Koumyks, qui s'appelait le shamkhal Tarki, exista jusqu'en 1847. La liquidation du shamkhal Tarki n'a pas provoqué de lutte nationale et libératrice.
Les autochtones n'étaient pas admis dans les postes supérieurs du gouvernement. Les peuples du Daghestan, y compris les Koumyks, n'avaient pas de droits civils et politiques. En 1917, la première révolution sociale-démocrate de Moscou critiquait la répression tsariste et semblait promettre l'autodétermination.
Mais après la signature d'un armistice avec les Alliés du gouvernement ottoman, les troupes russes doivent se retirer. Nouri Pacha est fait prisonnier par les Britanniques. Après une courte prise de contrôle par l'armée de Denikine, le Daghestan est abondonné. Une révolte générale a lieu mais les bolcheviks s'emparent du pouvoir au printemps de 1920. Dans le cadre de la République Fédérative de Russie, une république autonome est instituée en janvier 1921. Les terres habitées par les Koumyks font partie du territoire du Daghestan.

La période soviétique

En 1924, une commission soviétique des frontières fixe les contours des Etats. C'est ainsi que naissent les autres républiques soviétiques. Selon la propagande soviétique, c'est pour répondre à l'aspiration des peuples, mais il s'agit simplement de diviser pour mieux régner. L'alphabet cyrillique est imposé, le russe devient alors obligatoire dans les écoles. La politique agricole dépend de Moscou, elle est gérée par des fonctionnaires. A cause de cette politique, l'agriculture commence à décliner. Cependant, dans les années 1930, des entreprises industrielles sont construites au Daghestan : usines, fabriques, centrales électriques. Les ouvriers

viennent généralement de Russie, ceux du pays sont en minorité. On construit aussi différentes écoles. Selon la politique de Staline, on se débarrasse des chefs du parti et des intellectuels.
Des hommes d'Etat comme Y. Guereev, D. Qorqmasov, A. Akaev, T. Beyboulatov, M. Karaguichev sont les premières victimes, un millier d'autres suivent.

Le 22 juin 1941, commence la guerre entre l'Allemagne et l'URSS. Le peuple koumyk contribue beaucoup à la victoire. Six Koumyks deviennent des héros à titre posthume. Le nom de Abdoukhakim Ismaïlov et d'autres héros sont connus de chaque Koumyk. Beaucoup de filles et de fils des Koumyks ont accompli des exploits pendant cette guerre. En 1949, est fondée la filiale de l'Académie des Sciences de l'URSS au Daghestan. Le 8 mai 1945 est le jour de la capitulation de l'Allemagne nazie, le 9 mai est la journée de la victoire des peuples de l'ex-URSS obtenue bien sûr avec la contribution des peuples du Daghestan dont les Koumyks.

Après la guerre, l'industrie et l'économie se redressent. Malgré la situation difficile et grâce à l'assiduité des peuples du Daghestan, en 1950 la production industrielle augmente de 83% par rapport à 1940. La situation agricole reste difficile. La population des campagnes vit de sa propre terre mais les paysans doivent payer de lourds impôts ; ils n'ont pas de passeport.

En février 1956, le XXe congrès des Soviets critique l'œuvre de Staline. Après ce congrès jusqu'au milieu des années 1960 règne l'époque de la démocratie selon Khrouchtchev. En 1964, Brejnev devient chef de l'Etat. Le 27 décembre 1979, l'URSS envahit l'Afghanistan. Beaucoup d'Ouzbeks, de Tadjiks, de Turkmènes, de Karakalpaks et de Koumyks sont appelés sous les drapeaux de l'armée soviétique. Cette guerre cause le malheur de bien des familles.

Le 15 mai 1988 l'armée soviétique se retire d'Afghanistan. La démocratie commence à se développer. Le 19 août 1991 a lieu le putsch de Moscou.

La langue koumyk est l'une des langues officielles du Daghestan. La constitution du Daghestan n'est pas en contradiction avec celle de République Fédérative de Russie. En même temps les lois de République Fédérative de Russie sont obligatoires sur le territoire de la république du Daghestan.

Chronologie

Avant J.C.	
150000-80000 ans avant	Les premières traces des Hommes
IV siècle	Les Huns envahissent le territoire du Daghestan contemporain (kouchan)
570-632	Vie de Mahomet
6-8 siècles	Les Arabes commencent l'invasion du Caucase
VIII-XI siècles	Le kaganat khazare
XIII	L'invasion mongol
1227	Mort de Genghis Khan
1917	Révolution russe
1923	Grande purge de l'été
1924	21 janvier, mort de Lénine.
1921	La commission soviétique des frontières constitue les R.A.S.S. du Daghestan. Le Daghestan devient une région autonome au sein de la République Fédérative Socialiste Soviétique de Russie
1924	Premier abécédaire koumyk en écriture arabe
1929	Latinisation de la langue koumyk
1928	Premier plan quinquennal soviétique; début de la collectivisation
1929	Révolte des Koumyks contre la collectivisation
1937-1938	L'intelligentsia des Koumyks disparaît dans les purges
1938	Cyrillisation de l'alphabet koumyk
1941-1945	Invasion allemande de l'URSS. Déportation par Staline des Allemands de Russie en Asie Centrale, en 1943 déportation des peuples de

	Caucase; en 1944 déportation des Tatars de Crimée, des Turcs de Géorgie, des Coréens du Pacifique, soupçonnés d'aider les Allemands et les Japonais
9mai 1945	Le jour de la victoire
1979	Intervention soviétique en Afghanistan.
1990	Déclaration adoptée à la session de la République autonome socialiste soviétique de Daghestan sur la souveraineté de la république de Daghestan au sein de de la République Fédérative Socialiste Soviétique de Russie
1991	Fin de l'URSS; les républiques de l'URSS deviennent indépendantes
26 juillet 1994	Le Daghestan adopte sa nouvelle Constitution
1994	Elections au Daghestan

Quelques données officielles

La république du Daghestan, partie intégrante de la Fédération de Russie est, comme cette république, indépendante depuis le 1er septembre 1991, après l'échec du putsch du mois d'août qui a scellé l'écroulement de l'URSS. Depuis le 2 mars 1992, la Fédération de Russie est membre de plein droit de l'ONU.

Superficie

La surface du Daghestan est de 50.300 km^2.

La république du Daghestan est baignée au nord-est par la mer Caspienne ; au sud, elle a une frontière commune avec l'Azerbaidjan, au sud-ouest avec la Géorgie, à l'ouest avec la Tchétchénie et l'Ingouchie, au nord avec la Russie.

Climat

Le climat actuel du Daghestan est tempéré et continental. La température moyenne au mois de janvier est de +1° jusqu'à -11°, la température moyenne au mois de juillet est 24°

Population

La population du Daghestan (données de 2000) est 2.100.000 habitants. La composition ethnique est la suivante : 27, 9 % d'Avars ; 16, 1% de Darghines ; 7,3 % de Lesghiens, ...% de Russes, 5% de Laks ,12,9 % de Koumyks, 4,5.% de Tabassarans, 4,3 % d'Azeris, 4,5% de Tchétchènes, 16% de Nogaïs

Agriculture

Les branches les plus importantes de l'agriculture du Daghestan sont : le blé, la luzerne, la vigne, les fruits. L'élevage est aussi développé.

Richesses naturelles

Le sous-sol est très riche en gaz naturel, en diverses ressources minérales. Les eaux minérales ont souvent de remarquables priorités curatives .

Industrie

L'industrie du pays est développée. La métallurgie, les constructions mécaniques et les industries textiles, alimentaires sont développées. Les exportations du pays touchent 42 pays du monde.

Organisation administrative

Le Daghestan est divisé en 41 régions administratives plus 10 grandes villes.

Capitale

La capitale du Daghestan est Makhtchkala . C'est la ville la plus importante de Daghestan avec plus de 390.000 habitants. Derbent, Bouynaks, Kaspiysk, Izerbache, Kizlar, Daghestanskie ogni, Yujno-Suxokymsk, Kizilyurt, Khasavyurt sont les autres grandes villes du Daghestan .

Krasnodar
Stavropol
Kuban
RUSSIE
Mer
Caspienne
ADYGHÉIE
KARATCHAEVO-
TCHERKESSIE
KABARDINO-
BALKARIE
TCHETCHENIE
ABKHAZIE
Sukhumi
OSSETIE
DU NORD
INGOUCHIE
DAGHESTAN
OSSETIE
DU SUD
Montagnes du Caucase
Mer Noire
ADJARIE
GÉORGIE
Tbilissi
ARMÉNIE
AZERBAÏDJAN
HAUT-
KARABAGH
Erevan
Stepanakert
TURQUIE
NAKHITCHEVAN
(appartient
à l'Azerbaïdjan)
IRAN
0
Km
200

Première partie :
la langue koumyk

La langue koumyk est l'une des langues littéraires de la République du Daghestan. Elle appartient au groupe kipchak des langues turques, aux caractéristiques agglutinantes que nous expliquerons plus loin. La langue koumyk s'apparente aux langues nogay et kazakh.

On y trouve les plus anciens élements lexicaux des anciennes langues des Scythes (VIIIème siècle avant J.C), des Kimmériens (VIIIème siècle avant J.C.), des Huns (IVème siècle de notre ère), des Bulgars, des Khazars (Vème-Xème siècles) et des Oghouzes.

Jusqu'à la révolution d'octobre 1917 et encore quelques années après on employait un alphabet arabe modifié. Cette écriture est très peu adaptée à la nature des langues turques car elle ignore la diversité des voyelles. En 1929 le koumyk abandonna l'écriture arabe au profit de l'alphabet latin. En 1938, le pouvoir soviétique décida de passer à l'alphabet cyrillique, lui aussi complété.

Cet alphabet est le suivant :

Аа, Бб, Вв, Гг, Гь, Гъ, Дд, Ее, Жж, Зз, Ии, Йй, Кк, Къ къ, Лл, Мм, Нн, Нг нг, Оо, Оъ оъ, Пп, Рр, Сс, Тт, Уу, Уъуъ, Фф,Хх, Цц, Чч, Шш, Щщ, Ъъ,Ыы, Ьь, Ээ, Юю, Яя

La phonétique koumyk

La plupart des lettres se prononcent comme en français. Voici quelques remarques sur les points de différence :

- **а** en général, cette lettre se prononce *a* comme le mot *fade*
- **б** est, en général, semblable au *b* français (**bar**, *il y a* ; **ber,** *donne)*
- **в** correspond au w anglais
- **г** se prononce dans la plupart des cas comme le *g* dur du mot *guerre*: (**ga'p**, *proposition).*
- **гь** rend la lettre arabe *aïn* et se prononce un peu comme *h* aspiré
- **гъ** se prononce comme *r* grasseyé dans les mots français *Pierre*, *journal*
- **д** correspond au *d* français

- **е** correspond au russe *э* dans **эти** (*ces*)
- **-yo** se situe entre les sons *yeu* et *ya*, (des mots *meilleur* et *vieillard*)
- **ж** en général, cette lettre se prononce comme *j* dans le mot français *jour* (**jurnal**, *revue*)
- **з** cette lettre se prononce comme *з* russe, ou bien comme *z* en français
- **и** correspond au *i* français
- **й** se prononce comme la combinaison des lettres françaises *ille* dans le mot *famille)*
- **к** se prononce comme le *k* français
- **къ** ce son, équivalent au *qof* arabe, n'existe pas en français ; il se prononce comme un *k* mais en resserrant la langue contre la partie arrière du palais et avec une interruption de l'émission d'air.
- **л** se prononce comme le *l* français dans le mot *lampe*
- **м** correspond en général au *m* français, sans nasalisation
- **н** se prononce comme le *n* français mais ne marque jamais la nasalisation
- **нг** se prononce comme le son anglais *ng* [ŋ] *song, chanson*
- **о** se prononce comme le *o* français dans *opinion*
- **оь** se prononce comme la combinaison des lettres *eu* dans le mot français *peur*
- **п** se prononce comme le *p* français dans le mot *papa*
- **р** se prononce *r* sans grasseyement
- **с** se prononce comme le *s* français dans le mot *salle*
- **т** se prononce comme le *t* français dans le mot *table*
- **у** correspond au -*у* russe, prononcé *ou* comme dans *loup*
- **уь** correspond au *u* français ou à la lettre allemande *ű*
- **ф** correspond au *f* français.
- **х** se prononce comme le *h* du mot anglais *house*
- **ц** se prononce *ts* comme le *z* dans les mots allemands *Zahn ; Zimmer*
- **ч** se prononce *tch*, comme dans le mot russe *чай*
- **ш** est proche du *ch* français comme dans *chérie*
- **щ** souvent transcrit *chtch*, comme dans le mot russe *щит*
- **ъ** ne se prononce pas
- **ь** ''mouillé'' la consonne précédente
- **ы** correspond au **ы** russe, cette lettre se prononce entre *i* et *eu* comme dans le mot russe столы
- **э** comme la letter *è* dans le mot français *frère*

- **ю** se prononce comme le mot anglais *you*
- **я** se prononce *ya* comme dans le mot *yack*

Les syllabes

Les syllabes koumyks peuvent être ouvertes (c'est à dire terminées par une voyelle) ou fermées (terminées par une consonne).
Si l'on constate, ce qui est le plus fréquent, une alternance d'une voyelle et d'une consonne, la syllabe commence par une consonne et s'achève par la voyelle. Par exemple **ана (а-на**, **бала (ба-ла)**

Les syllabes peuvent se construire aussi des différentes façons suivantes:
Voyelle + consonne : **иш, аш**
Consonne + voyelle : **му-ра-па, я-нгы**
Consonne + voyelle + consonne : **таш, баш-лап.**
Voyelle + deux consonnes : **ант, арт**
Consonne + voyelle + deux consonnes : **дёрт, къарт**
Consonne + voyelle + trois consonnes : **текст**.

L'accent
L'accent en koumyk comme en ouzbek tombe sur la dernière syllabe, mais s' il y a des suffixes, l'accent tombe sur ce dernier.
Par exemple : **кита'п**, *livre* ; **китапла'р** , *les livres* ; **китаплларда'**, *dans les livres* ; **китаплардагы'**, *ce qu'il y a dans les livres.*
En général, les mots empruntés conservent leur accent propre: **па'ртия, учи'тель, грамма'тика, о'рган**. Il y a aussi des exceptions. Dans certains mots l'accent peut accomplir la fonction différentielle du sens du mot.
Par exemple: **алма'**, *pomme* **а'лма,** *ne prends pas*
китапда язма', *n'écris pas dans le livre*
я'зма текст, *texte*
ярма', *le blé*
такътаны я'рма, *ne casse pas le bois*

Le nom

En koumyk comme en ouzbek, il n`y a pas d'articles, ni définis, ni indéfinis. Contrairement au français, il n'y a pas non plus de genre, mais les noms se divisent entre "animés" et "inanimés".
Les noms "animés" ne concernent que les êtres humains (homme, femme, médecin, fille, fils). Tous les autres noms, même ceux qui désignent des animaux, sont "inanimés".
En koumyk, le pluriel se forme à l`aide du suffixe **лар, -лер**
гёз – гёзлер (*l'oeil– les yeux*)
китап-китаплар *(le livre-les livres)*
Selon l'harmonie vocalique typique des langues turques, les mots ayant à la racine **и, е, оь, уь, ё** ont au pluriel le suffixe **лер**. Les mots ayant à la racine **ы, а, о, у** ont au pluriel le suffixe **–лар**

Déclinaisons
Le koumyk compte six cas qui couvrent toutes les fonctions grammaticales que peut prendre un nom dans la phrase. Voici la liste des différents cas, leurs terminaisons et leur fonction grammaticale :

Nominatif	
cas sujet	
Possessif	**-ны,- ни, -ну,- ню**
possession, appartenance	
Datif-directif	**-гъа, -ге**
complément d'objet indirect	
Accusatif	**-ны, -ни, -ну, -ню**
Locatif	**-да, -де**
lieu et temps de l'action	
Ablatif	**-дан, -ден**
origine de l'action	

Le nominatif est le cas employé pour le sujet d'un verbe. Les mots dans les dictionnaires sont toujours au nominatif

ата, *père* **терезе,** *fenêtre* **къызардаш,** *soeur*
ана, *mère* **кагъыз,** *papiers* **къара,** *noir*

Le génitif / possessif est le cas du complément du nom, il marque l`appartenance:
Атамнын китапы, *le livre de mon père*

Le datif / directif est le cas marquant la direction de l'action. Il se forme à l'aide du suffixe –**гъа, -ге**

L'accusatif se forme en ajoutant le suffixe –**ны, -ни,-ну, ню**

L'ablatif exprime l'origine de lieu ou de temps, ou encore le commencement de l'action. On le forme en ajoutant au nom le suffixe –**дан, -ден**

Le locatif exprime le lieu où s'accomplit l'action. Ce cas se forme à l'aide du suffixe –**да,-де**.

Nominatif	**атам**	*mon père*
Possessif	**-атамны**	*de mon père*
Datif-directif	**-атамгъа**	*à mon père*
Accusatif	**-атамны**	*de mon père*
Locatif	**-атамда**	*chez mon père*
Ablatif	**-атамдан**	*de mon père*

L'adjectif

L'adjectif épithète se place avant le nom, il ne prend ni la marque du pluriel, ni celle des cas.
Exemples :
Таш уъй, *une maison de pierre*
Алтын юзюк, *une bague d'or*

Nous verrons dans le chapitre sur le vocabulaire que les adjectifs se forment fréquemment grâce à des suffixes ajoutés à un nom, parfois aussi en combinant deux mots.

Les degrés de comparaison
Le comparatif se forme en ajoutant le suffixe –**ракъ, рек, -дан** à l'adjectif. Ainsi, par exemple, **алаша**, *moins de taille*, donnera

алашарак, *plus moins de taille ;* **тенг**, *égal* **; тенгрек**, *plus égal*
La forme **–дан** s'emploie plus fréquemment. Le nom de l'objet comparé doit être à l'ablatif et l'adjectif qui le suit conserve le positif
Буз къардан сувукъ,*la glace (est) plus froide que l'eau*
Алтын гуъмуъщден багъалы, *l'or (est) plus cher que l'argent*
Бу юзуъм шондан татлы, *ce raisin est plus délicieux que l'autre*
Мени хоншум менден яш, *mon voisin est plus jeune que moi,*
Темир ташдан авур, *le fer est plus lourd que la pierre*

Le superlatif se forme le plus souvent grâce à un mot spécifique placé avant l'adjectif, comme **чинкде уллусу**, *le plus grand ;***чинкде ювук,** *le plus proche;* **лап да уллусу,** *le plus grand ;* **оътесиз къужурлу,** *le plus intéressant ;* **ажайып арив,** *le plus beau ;* **къап-къара,** *le plus noir;* **ап-ак,** *le plus blanche;* **яп-янгыз,** *le plus seul;* **боппо-бош,** *le plus vide* **оътесиз,***fort*, *bien*, *très*, **бек** *très.*
Exemples :
Бек белгили адам, *un homme très connu*
Чинкде ювукъ авул, *le plus proche des auls*

Les postpositions

A la place des prépositions, la langue koumyk, comme l'ouzbek, utilise des postpositions, qui, comme le nom l'indique, sont placées après le nom et non avant. Il existe des postpositions de lieu, de temps, de but, de cause etc.

Exemples:
учун : *pour*
йимик : *comme*
сайын : *de plus en plus*
къайры : *outre*
булан : *avec*
таба(къ) : *jusqu'à*
себепли : *à cause de*
гоьре : *selon*

Les postpositions nominatives sont formées de noms, d'adverbes, d'adjectifs et s'emploient indépendamment, comme des mots qui ont perdu partiellement leur signification. Ce sont les mots comme :

тюбинде : *sous*
алдын : *avant*
сонг : *après*
арасында : *parmi*
орнунда : *au lieu de*
къаршы : *contre*
гъисапда : *en qualité de*
башгъа : *autre*
оьзге: *autre*
ягъында : *près de*

Les nombres

Nombres cardinaux

Les nombres de 1 à 10 sont les suivants:

1	**бир**	6	**алты**
2	**эки**	7	**етти**
3	**уъч**	8	**сегиз**
4	**дёрт**	9	**тогъуз**
5	**беш**	10	**он**

Zéro se dit **нол**

Les nombres de 11 à 19 se forment en ajoutant à **on** (*dix*) les nombres de 1 à 9.

11	**он бир**	16	**он алты**
12	**он эки**	17	**он етти**
13	**он уъч**	18	**он сегиз**
14	**он дёрт**	19	**он тогъуз**
15	**он беш**		

Les noms des dizaines sont les suivants:

20 **йигирма**
30 **отуз**
40 **къыркъ**
50 **элли**

60 **алтмыш**
70 **етмиш**
80 **сексен**
90 **токъсан**
100 **юз**

Les nombres intermédiaires se forment en ajoutant à la dizaine le chiffre de l`unité, par exemple :
51 **элли бир**
62 **алтмыш эки**
73 **етмиш уъч**
Si vous connaissez en outre 100 (**юз**), 1000 (**минг**), 10000 (**он минг**), et 1.000.000 (**миллион**), vous pouvez compter en koumyk

Les noms de nombres ne s'accordent ni en nombre, ni en cas avec le nom.
Бир гиши, *un homme*
Беш гюн, *cinq jours*
Беш гюнге, *pour cinq jours*

Dans la langue parlée, les nombres cardinaux peuvent s'employer avec des mots dits numératifs : les plus fréquents sont les suivants :
къабат, *étage; couche (***эки къабат китап**, *deux couches de livres*)
жан, *âme*
керен, *fois*
баш, *tête*
En koumyk on distingue les catégories suivantes de nombres cardinaux :
Les nombres à la pièce s`emploient pour désigner le nombre d'objets identiques comptés à la pièce.
Бир китап, *un livre*
On emploie généralement des numératifs, placés entre le nombre et le nom.
Эки пачка чай, *deux paquets de thé*
Беш юз грамм юзюм, *cinq cents grammes de raisin*

__**Les nombres séparés**__ s'emploient pour exprimer la distribution égale des objets. Les nombres séparés se forment :
- soit en ajoutant au nombre l'un des suffixes **–лап, -леп :**
он+лап – онлап, *dizaine*
йигирма+лап- йигирмалап, *vingtaine*

__**Les nombres collectifs**__
les nombres collectifs expriment la totalité des objets similaires qu'il est possible de compter et se forment à partir des nombres de deux à sept en ajoutant les suffixes –**ав, -ев :**
Exemples :
эк+ев– экев, *les deux*; **беш+ев – бешев**, *les cinq*
уъч+ев – уъчев, *les trois* ; **алт+ав – алтав**, *les six*
дёрт+ев – дёртев, *les quatre* ; **етт+ев– еттев**, *les sept.*

Nombres ordinaux
Les nombres ordinaux sont réguliers. On les forme à l'aide du suffixe **–ынчи,-инчи, -унчу, -юнчю**
Par exemple :

биринчи	*premier*	**алтынчи**	*sixième*
экинчи	*deuxième*	**еттинчи**	*septième*
уьчюнчю	*troisième*	**сегизинчи**	*huitième*
дёртюнчю	*quatrième*	**тогъузунчу**	*neuvième*
бешинчи	*cinquième*	**онунчу**	*dixième*

Dans les nombres composés, on ajoute le suffixe -–**ынчи, -инчи, - унчу, -уънчуъ** à la deuxième partie du nombre.

он биринчи	*onzième*	**йигирманчы**	*vingtième*
он экинчи	*douzième*	**йигирма биринчи**	
он дёртюнчю	*quatorzième*		*vingt et unième*
бешинчи	*quinzième*		

L'expression du temps

Pour indiquer le temps en koumyk, on utilise le mot **сагьат** (*l'heure, temps*). Ce mot, suivi d'un nombre cardinal, exprime un temps défini : **сагьат эки**, *deux heures.*
Pour demander l'heure, on pose la question:
Нече сагьатдыр? *quelle heure est–il*?

Pour indiquer le nombre de minutes après l'heure, on emploie la tournure suivante: le mot **сагьат** est suivi du nombre à l'ablatif, puis du nombre de minutes et de la forme convenable du verbe **оьтти,** *passer.* Pour la traduction de ce verbe en français on utilise préposition *et*.

Exemple:
Сагъат онден он беш минут оьтдю, *il est dix heures et quart* (mot-à-mot : *heures dix-de quinze minutes passe)*
Pour indiquer le nombre de minutes avant l'heure, on emploie après le mot **сагьат** suivi du nombre de minutes et du mot **бар**, *il y a*, et enfin le nombre indiquant l'heure:
сегизге беш минут бар, *il est huit heures moins le quart* (mot à mot : *huit-à cinq minutes il-y-a*)
он эки сагъат ярым, *il est douze heures et demi*

Fractions
Le mot *moitié*, ½, se dit **ярым** et ¼ - **черек**.
Pour énoncer une fraction, on commence par le dénominateur, mis à l'ablatif, suivi du numérateur au nominatif
1/3 – **уъчден бири**(mot-à-mot : *de trois, un*)

Nombres collectifs
Pour rendre les expressions françaises comme *tous les trois*, *nous quatre* qui indiquent un groupe de personnes dans leur ensemble, le koumyk emploie l'un des sufixes - **ав, -ев** en suivant l'harmonie vocalique :

биз алтав	*nous six*
олар уъчев	*eux quatre*

Unités de mesures

километр	*kilomètre*
квадрат километр	*kilomètre carré*
метр	*mètre*
квадрат метр	*mètre carré*
дециметр	*décimètre*
сантиметр	*centimètre*
миллиметр	*millimètre*
гектар	*hectare*
метр куб	*mètre cube*

миллиграмм	*milligramme*
килограмм	*kilogramme*
центнер	*quintal*
тонна	*tonne*

Anciennes unités de mesure

сабу	*30-35 kilogrammes*
сагь	*2,5 kilogrammes*
къантар	*44,928 kilogrammes*
мискъал	*5 grammes*

Les pronoms

Les pronoms personnels

Au nominatif, les pronoms personnels sont les suivants:

Singulier		**Pluriel**	
мен	*je*	**биз**	*nous*
сен	*tu*	**сиз**	*vous*
о (ол)	*il*	**олар**	*ils*
о (ол)	*elle*	**олар**	*elles*

Comme les noms eux-mêmes, les pronoms personnels subissent des modifications selon les différents cas grammaticaux. Ces modifications sont simples, comme le montre le tableau suivant :

Singulier			
	1ere pers	*2e pers*	*3e pers*
nominatif	**мен**	**сен**	**ол**
génitif possessif	**мени**	**сени**	**ону**
accusatif)	**магъа**	**сагъа**	**огъар**
datif-directif	**мени**	**сени**	**ону**
locatif	**менде**	**сенде**	**онда**
ablatif: position	**менден**	**сенден**	**ондан**

Pluriel			
nominatif	**биз**	**сиз**	**олар**
possessif (suffixe **-ин**)	**бизин**	**сизин**	**оланы**
accusatif (suffixe **–ге**)	**бизге**	**сизге**	**олагъа**
datif-directif (suffixe **–ин**)	**бизин**	**сизин**	**оланы**
locatif (suffixe **–де**)	**бизде**	**сизде**	**оларда**
provenance (suffixe **–ден**)	**бизден**	**сизден**	**олардан**

Selon les principes de la régularité isomorphe de la langue koumyk, on peut fixer les règles qui seront aussi valables pour les autres parties du discours:

le pronom personnel **ол** (*il*, *elle*) n'a pas de genre; son pluriel, comme on le voit à la troisième personne, se forme en ajoutant le suffixe **-лар** comme pour les autres parties du discours.
Les pronoms personnels s'ajoutent aux autres parties du discours (substantif, adjectif, verbe, participe) pour jouer le rôle du verbe *être* au présent en français. Par exemple:

мен ишчимен *je suis ouvrier*
сен ишчисен *tu es ouvrier*
ол ишчи *il est ouvrier*
биз ишчибиз *nous sommes ouvriers*
сиз ишчисиз *vous êtes ouvriers*
олар ишчи *ils sont ouvriers*

Avec un adjectif, le suffixe permet de former l'équivalent de l'attribut en français.
Exemple :
гючлю, *fort* :

гючлюмен	*je suis fort*	**гючлюбыз**	*nous sommes forts*
гючлюсен	*tu es beau*	**гючлюсы**	*vous êtes forts*
гючлю	*il est fort*	**гючлю**	*ils sont forts*

Les mêmes suffixes constituent la marque de la personne pour toutes les formes verbales. Ces suffixes se placent à la fin du groupe verbal, après les suffixes du temps et du mode.
Par exemple :
бармакъ *aller*

бараман	*je vais*	**барабыз**	*nous allons*
барасан	*tu vas*	**барасыз**	*vous allez*
бара	*il va*	**баралар**	*ils vont*

Comme en français, le pronom de la deuxième personne du pluriel **сиз** s'emploie pour exprimer la politesse.

Les pronoms réfléchis

Le pronom refléchi koumyk (fonctionnellement analogue au français *même*) tire son origine du mot **оьз** (*essence*, *substance*). Voici le tableau des pronoms refléchis :

Мен оьзюм, *moi-même* **биз оьзюбюз**, *nous-mêmes*
Сен оьзюнг, *toi-même* **сиз оьзюгюз**, *vous-mêmes*
Ол оьзю, *lui (elle)-même* **олар оьзлери**, *eux (elles)-mêmes*

N	**оъз**
G/P	**оъзюн**
D/D	**оъзюне**
A	**оъзюн**
Loc.	**оъзюнде**
Cas de pos.	**оъзюнден**

Les pronoms démonstratifs

Le koumyk dispose aussi de pronoms démonstratifs.Ce sont:
шо, *celui ... là; celle ... là*; (loin, défini)
бу, *celui-ci; celle-ci* (proche, défini)
шу, *celui-ci; celle-ci* (proche, défini)
шовву, *celui ... là; celle ... là* (loin, défini)
онагъана, *celui ... là; celle ... là*; (loin, défini)

Tous ces pronoms se déclinent comme le pronom personnel **ol :**

	1ere pers.	**2e pers.**	**3e pers.**	
nominatif	**бу**	**шу**	**о(ол)**	**шо**
génitif possessif	**муну**	**шуну**	**ону**	**шону**
datif-directif	**бугъар**	**шугъар**	**огъар**	**шогъар**
accusatif	**муну**	**шуну**	**ону**	**шону**
locatif	**мунда**	**шунда**	**онда**	**шонда**
ablatif : position	**мундан**	**шундан**	**ондан**	**шондан**

Le pronom **о** a aussi une autre déclinaison:

Nominatif	**о**
Génitif possessif	**ону**
Datif-directif	**огъар**
Accusatif	**ону**
Locatif	**онда**
Ablatif	**ондан**

Le pronom **ол** correspond au pronom démonstratif *ce…ci*, (*celle...ci*) ou à l'adjectif démonstratif *ce ... la.* Au lieu des formes **бу**, **шу**, **шо**, **о** on utilise parfois les formes suivantes, connues des autres langues turques **бул, шол, шул, шол, ол**. Au pluriel, les pronoms démonstratifs se déclinent en ajoutant avant la désinence du cas le suffixe **-лар** :

N	**булар**	**шулар**
G/P	**буланы**	**шуланы**
D	**булагъа**	**шулагъа**
A	**буланы**	**шуланы**
L	**буларда**	**шуларда**
Abl	**булардан**	**шулардан**

N	**шолар**	**олар**
G/P	**шоланы**	**оланы**
D	**шолагъа**	**олагъа**
A	**шоланы**	**оланы**
L	**шоларда**	**оларда**
Abl	**шолардан**	**олардан**

Les pronoms interrogatifs

Ce sont les suivants :

Ким? **Не?** *Qui* ? *Qui est-ce qui*? pour les substantifs.
Рече? *Combien*? pour les nombres.
Каъйсы? *Quel*? est réservé aux nombres ordinaux.
Неге ? *Pourquoi*?.
Нечик? *Comment* ?
Не ерде? *Où*?
Не ерден? *D'où*
Не вакъти ? *Quand*?

Не учун? *Pourquoi*?.
**Не къадар? ***Combien*?
**Не ерге? ***Où*?
**Не заман? ***Quand*?
**Не чагъы? ***Combien*?

Tous les pronoms interrogatifs (exception: **неден? неге?**) se déclinent selon la règle générale.

Singulier

Nominatif	**Ким? Не?**
Génitif possessif	**Кимни? Нени?**
Datif-directif	**Кимге? Неге?**
Accusatif	**Кимни? Нени?**
Locatif	**Кимде? Неде?**
Cas de position	**Кимден? Неден?**

Les pronoms généralisants

Ce sont les suivants: **бютюн**, **бары** *tous*, *toutes* et **гъар**, **гъар бир** *chacun*.
Avec d'autres pronoms ou substantifs, on obtient : **гъар гиши гъар кес,** *chacun*; **гъар кес,** *chaque personne*
Le pronom **бары,** *tous*, *toutes* se décline :

N	**бары**
G/P	**барыни**
D/D	**барыге**
A	**барыни**
Loc.	**бариде**
Cas de pos.	**бариден**

Le pronom **гъар, бютюн** est invariable.

Les pronoms indéfinis

Кимсе, *quelqu'un*
Бир зат, *quelque chose*
Бир нече, *quelque*
Бири, *l'un d'eux*

En ajoutant le pronom **гъеч** devant le verbe à la forme négatif:

Гъеч бир зат бармы? *Est-ce qu'il y a quelque chose ?*
Гъеч зат-мат бармы? *Est-ce qu'il y a quelque chose ?*
гъеч бир затым ёкъ, *Je n'ai rien*

Ces pronoms ne se déclinent pas.

Les particules

Les particules aident à transmettre des nuances émotionnelles du sens des mots ou des propositions. Les particules se divisent en trois groupes :

Les particules restrictives
Сама: *du moins, au moins*
Сен сама гел. *Viens, au moins*

Les particules définies
-лап да, чинк де: *meilleur*
гъатта : *même*
дагъы да : *encore*
не : *comme*
чы: *non seulement, même*
Лап да яхшы отметка *La meilleure note*
Чинк де гиччиси сёйлеме башлады *Le plus petit a commencé à parler*
Къартлар чы нечик де, гъатта гиччи яшлар да авлакъгъа чыкъды. *Non seulement les vieillards, mais même les petits sont sortis dans le champs*
Не яхшыдыр! *Comme c'est bon!*

Les particules de l'incertitude
Бугъай : *Il semble*
Бугюн ахшам клубда кино бола бугъай: *Il semble ce soir on montre un film au club*
Сен сама гел: *Tu viens au moins*

Le verbe

Les verbes koumyks ont toujours le suffixe –**макъ, -мек, -ыв,-ив, -ув, -уъв, -в** à l'infinitif

охумакъ	*lire*	**атыв**	*jeter*
ишлемек	*travailler*	**гетив**	*partir*
къарамак	*regarder*	**къурув**	*bâtir*
гелмек	*venir*	**къарав**	*regarder*

En supprimant le suffixe, il reste le radical sur lequel se constituent toutes les autres formes verbales (temps, conjugaison, mode, participe).

Le radical seul a le sens d'un impératif de la 2e personne du singulier

бар	*va*	**бер**	*donne*
гел	*viens*	**аша**	*mange*
ал	*prends*	**ич**	*bois*

En koumyk, toutes les formes verbales marquent le temps dont les catégories principales sont le présent, le passé et le futur. Chaque temps peut présenter des formes appelées "aspects"

Le présent

Le présent se forme en ajoutant à la racine du verbe les suffixes **а, -е,- й** des verbes et les suffixes personnels de la conjugaison (**ман, мен, сан, сен, о(ол), быз**, **биз, сыз, сиз, олар**)
Rappelons que ces pronoms sont :

	Singulier	Pluriel
1.	**—ман, -мен**	**-быз,-биз**
2.	**–сан, -сен**	**-сыз, сиз**
3	-	-

Avec le verbe **бармакъ**, on aura :

бараман *je vais*
барасан *tu vas*
бара *il va*
барабыз *nous allons*
барасыз *vous allez*
баралар *ils, elles vont*

Avec le verbe **гелмек,** on aura :
гелемен *je viens*
гелесен *tu viens*
геле *il, elle vient*
гелемиз *nous venons*
гелесиз *vous venez*
гелелер *ils, elles viennent*

Forme interrogative
D'une façon générale, pour tous les temps l'interrogatif se marque par les particules **мы ?, ми ?, му ?, муъ ?** placées tout à fait à la fin du groupe verbal.
Exemple:
Абакар гелеми ? : *Est-ce que Abakar vient?*
Чай ёкъму *?: Est-ce qu'il y a du thé ?*

Forme négative
La négation se forme grâce à la particule **–ма, -ме** qui se place immédiatement après la racine du verbe. Viennent ensuite dans l'ordre, les suffixes de la personne, du pluriel et de l'interrogation, s'il y a lieu.
Verbe **бармакъ :**
бармайман *je ne vais pas*
бармайсан *tu ne vas pas*
бармай *il, elle ne va pas*
бармайбыз *nous n'allons pas*
бармайсыз *vous n'allez pas*
бармайлар *ils, elles ne vont pas*

Verbe **гелмек:**

гелмеймен	*je ne viens pas*
гелмейсен	*tu ne viens pas*
гелмей	*il, elle ne vient pas*
гелмеймиз	*nous ne venons pas*
гелмейсиз	*vous ne venez pas*
гелмейлер	*ils, elles ne viennent pas*

Le futur

Le présent-futur que nous avons déjà vu est la forme la plus utilisée en koumyk courant contemporain

Il est nécessaire d'y ajouter une expression qui précise la notion du futur telle que : "*dans l'avenir*", "*dans un an*"

Il y a aussi deux formes de futur:

- le futur de probabilité
- le futur de but

Le futur de probabilité se forme en ajoutant à la racine du verbe les suffixes **-ар, ер, -ур, уър** puis, naturellement, le suffixe personnel convenable:

Le verbe **бармакъ**

мен барарман	*j'irai* (peut-être)
сен барарсан	*tu iras*
о **барар**	*il ira*
биз барарбыз	*nous irons*
сиз барарсыз	*vous irez*
о **лар барарлар**	*ils iront*

Le verbe **гелмек**

гелермен	*je viendrai* (peut-être)
гелерсен	*tu viendras*
о гелер	*il, elle viendra*
биз гелербиз	*nous viendrons*
сиз гелерсиз	*vous viendrez*
олар гелер	*ils, elles viendront*

La forme négative se conjugue comme ci- dessous :
Le verbe **бармакъ**

бармасман	*je n'irai pas* (peut-être)
бармассан	*tu n iras pas*
бармас	*il n'ira pas*
бармасбыз	*nous n'irons pas*
бармассыз	*vous n'irez pas*
бармаслар	*ils n'iront pas*

Le verbe **гелъмек**

гельмесмен	*je ne viendrai pas* (peut-être)
гельмессен	*tu ne viendras pas*
гельмес	*il, elle ne viendra pas*
гельмесбиз	*nous ne viendrons pas*
гельмессиз	*vous ne viendrez pas*
гельмеслер	*ils, elles ne viendront pas*

Le futur de but se forme en ajoutant à la racine du verbe le suffixe **-ажакъ** ou **ежек, -жакъ** ou**-жек**. Comme pour les autres temps, ce suffixe est suivi de la marque de la personne au singulier ou au pluriel.

баражакъман	*j'irai*
баражакъсан	*tu iras*
баражакъ	*il ira*
баражакъбыз	*nous irons*
баражакъсыз	*vous irez*
баражакълар	*ils iront*

ou bien :

гележекмен	*je viendrai*
гележексен	*tu viendras*
гележек	*il, elle viendra*
гележекбиз	*nous viendrons*
гележексиз	*vous viendrez*
гележеклер	*ils, elles viendront*

La forme négative :

бармажакъман	*je n'irai pas*
бармажакъсан	*tu n'iras pas*
бармажакъ	*il n'ira pas*

бармажакъбыз	*nous n'irons pas*
бармажакъсыз	*vous n'irez pas*
бармажакълар	*ils n'iront pas*

ou bien :

гельмежекмен	*je ne viendrai pas*
гельмежексен	*tu ne viendras pas*
гельмежек	*il, elle ne viendra pas*
гельмежекбиз	*nous ne viendrons pas*
гельмежексиз	*vous ne viendrez pas*
гельмежеклер	*ils, elles ne viendront pas*

Cette forme du futur a un caractère solennel. Dans les autres cas, on emploie plus généralement le présent-futur
La forme interrogative de ces types de futur se construit de façon régulière grâce à la particule interrogative finale **мы?**
Баражакъман-мы ? *je n'irai pas ?*

Le passé

En koumyk, ce temps présente des formes diverses qui expriment de nombreuses nuances. Nous ne présentons ici que les formes les plus courantes:

Le passé défini exprime une action qui s'est passée sûrement dans le passé et dont la réalisation ne laisse pas place au doute. Il se forme en ajoutant au radical de la forme affirmative ou négative du verbe le suffixe **–д,-т** puis les terminaisons marquant les personnes. Il correspond sensiblement au passé simple ou au passé composé francais. Attention cependant: ces marques de personnes ne sont pas celles du présent; c'est une autre série de terminaisons:

	Singulier	**Pluriel**
1	**-ым,-им,-ум, юм**	**-ыкъ, -ик,-укъ,-юк**
2	**-ынг,-инг,-унг,-юнг**	**-ыгъыз,-игиз,-угъуз,-югюз**
3	**–ы, -и,-у,-ю**	**-ы, -и,-у,-ю +-лар** ou **-лер**

Prenons pour exemple le verbe **бармакъ**

бардым *je suis allé*
бардынгъ *tu es allé*
барды *il est allé*
бардыкъ *nous sommes allés*
бардыгъыз *vous êtes allés*
бардылар *ils sont allés*

Le verbe **гельмек:**

гельдим *je suis arrivé*
гельдинг *tu es arrivé*
гельди *il, elle est arrivé(e)*
гельдик *nous sommes arrivés*
гельдигиз *vous êtes arrivés*
гельдилер *ils, elles sont arrivé(e)s*

Les formes interrogatives et négatives se construisent de façon régulière, la première grâce à la particule finale –**ма, me**, la seconde en plaçant le suffixe –**мы, -ми** après le radical :

гельмеди. *Il n'est pas arrivé .*
гельди-ми? *Est-il arrivé ?*

Le passé perfectif correspond en général à l'imparfait francais et s'emploie pour une action non répétitive qui s'est déroulée dans un passé determiné. La marque de ce passé est le suffixe –**гъан, ген**. On y ajoute les suffixes des pronoms personnels d'une série ou d'une autre, indifféremment

баргъанман *j'étais déjà*
баргъансан *tu étais déjà*
баргъан *il était déjà*
баргъанбыз *nous étions déjà*
баргъансыз *vous étiez déjà*
баргъанлар *ils étaient déjà*

гельгенмен *j'arrivais déjà*
гельгенсен *tu arrivais déjà*
гельген *il, elle arrivait déjà*

гелгенбиз *nous arrivions déjà*
гелгельгенсиз *vous arriviez déjà*
гельгенлер *ils, elles arrivaient déjà*

La forme interrogative prend à la fin du verbe affirmatif ou négatif, selon la règle générale, le suffixe **мы** ou **-ми**
Баргъанман-мы? *est-ce que j'étais déjà ?*
Баргъансан-мы? *est-ce que tu étais déjà ?*
Баргъан-мы? *est-ce qu'il était déjà ?*
Баргъанбыз-мы? *est-ce que nous étions déjà ?*
Баргъансыз-мы? *est-ce que vous étiez déjà ?*
Баргъанлар-мы? *est-ce qu'ils étaient déjà ?*

Ou bien:
Гельгенмен-ми? *est-ce que j'arrivais déjà?*
Гельгенсен-ми ? *est-ce que tu arrivais déjà?*
Гельген-ми ? *est-ce qu'il, elle arrivait déjà ?*
Гельгенбиз-ми ? *est-ce que nous arrivions déjà ?*
Гельгенсиз-ми ? *est-ce que vous arriviez déjà ?*
Гельгенлер-ми ? *est-ce qu'ils, elles arrivaient déjà ?*

La forme négative se construit en plaçant le suffixe négatif **–ма, -ме** directement après le radical:
Мен Парижге бармагъанман *je n'étais pas à Paris*
Сен Парижге бармагъансан *tu n'étais pas à Paris*
Ол Парижге бармагъан *il n'était pas à Paris*
Биз Парижге бармагъанбыз *nous n'étions pas à Paris*
Сиз Парижге бармагъансыз *vous n'étiez pas à Paris*
Олар Парижге бармагъанлар *ils n'étaient pas à Paris*

Le plus-que-parfait exprime une action qui s'est passée avant le moment où l'on parle.
Il se compose en ajoutant à la racine des verbes les suffixes **–гъан , -ген** et encore le verbe elliptique **эди.**
Le verbe elliptique **эди** s'emploie pour exprimer une action qui s'est réellement passée.

Exemples:

баргъан эдим	*j'avais été*
баргъан эдинг	*tu avais été*
баргъан эди	*il avait été*
баргъан эдик	*nous avions été*
баргъан эдигиз	*vous aviez été*
баргъан эдилер	*ils avaient été*
гельген эдим	*j'étais arrivé*
гельген эдинг	*tu étais arrivé*
гельген эди	*il, elle était arrivé(e)*
гелген эдик	*nous étions arrivés (es)*
гельген эдигиз	*vous étiez arrivés (es)*
гельген эдилер	*ils, elles étaient arrivés (es)*

L' imperfectum I

L'imparfait I exprime une action de longue durée et régulière se répétant dans le passé. Pour former ce temps, on prend la forme affirmative ou négative du présent en –**a, -e ,** à laquelle on ajoute le verbe elliptique **эди** à la forme du passé défini

La forme affirmative est la suivante:

бара эдим	*j'allais*
бара эдинг	*tu allais*
бара эди	*il(elle) allait*
бара эдик	*nous allions*
бара эдигиз	*vous alliez*
бара эдилер	*ils, elles allaient*

L' imperfectum II

L'imparfait exprime une action de longue durée et régulière se répétant dans le passé. Pour former ce temps, on prend la forme affirmative ou négative du futur I (futur de probabilité), à laquelle on ajoute le verbe elliptique **эди** à la forme du passé défini

La forme affirmative est la suivante:

барар эдим	*j'allais*
барар эдинг	*tu allais*
барар эди	*il (elle) allait*
барар эдик	*nous allions*
барар эдигиз	*vous alliez*
барар эдилер	*ils, elles allaient*

Le passé d'intention exprime le souvenir d'une action non réalisée, mais qui avait été décidée au moment du discours. Le passé d'intention se forme à l'aide des formes **-ажакъ, -ежек, --жакъ, -жек** suivies du verbe elliptique **эди**.

айтажак эдим *je voulais dire*
айтажакъ эдинг *tu voulais dire*
айтажакъ эди *il (elle) voulait dire*
айтажакъ эдик *nous voulions dire*
айтажакъ эдигиз *vous vouliez dire*
айтажакъ эдилер *ils (elles)voulaient dire*

Le gérondif

Cette forme verbale sert à décrire certaines circonstances de l'action. Le gérondif a les qualités du verbe et de l'adverbe. C'est pourquoi il joue dans la proposition le rôle des compléments circonstanciels ou bien du verbe de la proposition subordonnée.
Le gérondif se forme en ajoutant à la racine du verbe l'un des sufixes **–а,-е, -й** ; **-п ,–ып, -ип,-уп,- -уъп**, **-гъанча,- генче,-гъынча, гинче, гъунча,-гюнче, -гъанлы,-генли,.**
Les gérondifs en **–а** ou **-е**, **-у** s'emploient habituellement redoublés:
Бара-бара, *en marchant beaucoup*;
гете-гете, *en sortant*
айтгъанлы, *depuis qu'il a dit*
эшитгенли, *depuis qu'il a entendu*
йыгъылгъанча, jusqu'il ne tombe pas
гёргюнче, *jusqu'il n'entends pas*
толгъунча, *jusqu'il sera plein*
эшитгенче, *jusqu'il n'entends pas*
гелгенче, *jusqu'il ne vient pas*
Pour exprimer le résultat d'une action, il s'emploie également redoublé.
Exemple :
Ол ишлей- ишлей чай ичди, *en travaillant, il a bu du thé.*
Ол юртлагъа гелди яман бир хабар, ону уьстюне гючлю душман геле деп, *une mauvaise nouvelle arrive dans ces auls: un ennemi fort vient.*

Dans un verbe composé, il est le composant principal qui exprime le début de l'action :
Ишге бугюнден бара башлады,
il commence à travailler dès aujourd'hui.
A la forme négative on ajoute à la racine du verbe +**май** ou - **мей**
Exemple :
Анвар язып турмай эди, *Anvar n'écrivait pas*
Сагъа гьашыкъ болгъанлы, къалмады къаным къашыкъ, *depuis que je t'aime, il ne me reste pas une cuillère de sang.*
Мен анда баргъанча муны этермен, *avant d'y aller je ferai cela*
Давда яраланган йигит, *le héros blessé dans la bataille.*
Ол башын котере алмай къалды: *Il n'a pas pu lever la tête.*

En koumyk, les gérondifs s'emploient d'habitude en combinaison avec d'autres formes verbales pour construire des verbes composés et exprimer une action complémentaire auprès du verbe principal.
Exemple :
Язып тура , (mot-à-mot : *écrire se lever*) *écrire*,
Гелип къара (mot-à-mot : *en venant regarder*) voir.

Les voix verbales

Le koumyk possède les voix suivantes:
1 -la voix active
2 -la voix réfléchie
3 -la voix passive
4 -la voix commune ou collective
5 -la voix coercitive

La voix active a un indice du zéro. Par exemple:
Къалмакъ, *rester*
Ятмакъ, *se coucher*
Атмакъ, *jeter*

La voix réfléchie exprime l'action faite par l'individu pour lui-même. On forme cette voix en ajoutant les suffixes suivants aux verbes transitifs :

à l'aide des suffixes **-ын, -ин, -ун, -уьн, -н**
жувунмакъ, *se laver*
сююнмек, *se réjouir*
гийинмек, *s'habiller*

Dans la voix passive l'action est réalisée par l'objet (ou la personne) complément indirect du verbe. Le passif se forme en ajoutant au radical des verbes transitifs le suffixe **–ыл,-ил,-ул,-уьл,-л**. Si la proposition est à la forme passive, forme du verbe transitif, alors l'individu sujet ne s'exprime pas et le mot indiquant l'objet devient le sujet.
Exemples:
Ачылмакъ, *être ouvert*
Къараланмакъ, *devenir noir*

La voix coercitive se forme à l'aide des suffuxes—**дыр, -дир, -дур, -тыр,- тир,-тур,-тюр,-ыр,-ир,-ур,-урь,-ут,-т:**

Сёндюр, *éteins la lumière!*
Къалдыр, *laisse!*
Тутдур, *fais attraper!*
Гелтир, *apporte!*
Къайтар, *rends!*
Бишир, *fais cuire!*
Учур, *fais voler!*
Толтур, *fais remplir!*
Оьлтюр, *tue!*
Ашат, *fais manger!*
Башлат, *fais commencer!*
Къоркъут, *fais peur!*

La voix commune ou collective
exprime une action réalisée par plusieurs personnes, simultanément ou successivement. Elle se forme à l'aide du suffixe **-ыш, -иш,-уш, -уьш,-ш** :
ябушмакъ, *battre l'un l'autre*
урушмакъ, *lutter avec quelqu'un*
оьбюшмек, *s'embrasser*
сёйлешмек, *s'entendre*

Les conjonctions

La conjonction est un mot-outil qui sert à relier les propositions ou les termes d'une proposition et à exprimer les rapports qui les unissent. Il y deux types de conjonctions. Les conjonctions de coordination qui relient les propositions ou les termes d'une proposition, ayant la même valeur et les conjonctions de subordination qui introduisent une proposition subordonnée.

Les conjonctions de <u>coordination</u> sont :
Ва, да, де, *et*
Булан et, *avec, et*
Амма, тек, *mais; pourtant*
Не…не , *ni… ni*
Я, яда *ou bien*
Сайки *comme*

Parmi les conjonctions de <u>subordination</u> qui relient une proposition subordonnée à une proposition principale, on peut citer :
Ону учун *c'est pourquoi*
Неге десе *parce que*
Эгер *si*
Шо саялы *c'est pourquoi*

Les verbes composés

Ils se composent à l'aide des verbes **этмек** *faire*, **болмакъ** *être*, **алмакъ** *prendre* et de n'importe quel nom.
Къабул этмек *recevoir*
Приказ этмек *ordonner*
Регистрировать этмек *régistrer*
Ёкъ этмек *détruire*
Харж этмек *dépenser*
Ач болмакъ *avoir faim*
Ял алмакъ *se reposer*

Les propositions subordonnées

Le koumyk possède aussi des propositions subordonnées, nous pouvons en voir quelques unes.

Propositions relatives

Бизин уьлкеде бары да халкълар тенг ихтиярлы экенни, бютюн дунья биле, *le monde entier sait que dans notre pays tous les peuples sont égaux*

Propositions nominales

Ким кёп охуй буса, ал кёп биле, *Qui lit beaucoup, il lit beaucoup*

Propositions verbales

Иссилик олай гючлю чю, гьатта адам сувдвн чыкъмагъа сюймей, *Il fait si chaud que l'homme ne veut pas sortir de l'eau*

Propositions circonstancielles de temps

Мен Москвадан къайтгъанлы, беш ай битди, *Depuis que je suis revenu de Moscou, cinq mois sont passés*

Propositions circonstancielles de lieu

Китапны сен къайдан алгъан бусанг, мен де шондан алажакъман, *J'achèterai le livre où tu as acheté*

Propositions circonstancielles de cause

Бугюн ахшам геч болгъунча ишлемесем болмай, неге десе тангала экзамен беремене, *Aujourd'hui je dois travailler jusqu'à la nuit parce que demain je passerai un examen*

Propositions circonstancielles de but

Этилген ишни оьзлер тергеп къарамакъ учун агрономлер колхозгъа гетдилер, *Pour contrôler le travail accompli, des agronomes sont partis au kolkhoze*

Propositions circonstancielles de condition

Elle exprime la condition de la proposition principale. Elle est liée à la principale à l'aide de la forme conditionnelle du verbe en **се** ou bien du participe passé **гъан** avec le conjonction **буса.**

Башгъа заман болгъан буса, бир зат да айтмас эди, *si c'était un autre temps, il ne dirait rien.*
Почтаны ишине тергев берилсе, яман болмас эди, *ça serait bon, si on faisait attention au travail de la poste*
Явун явмаса, биз ишге чыгъажакъбыз, *s'il ne pleut pas, nous irons au travail*

Propositions circonstancielles de comparaison
Сизин класс байракъны алгъан йимик, бизин класс да алажакъ, *comme votre classe a reçu le drapeau, ainsi notre classe va le recevoir*

Propositions circonstancielles de manière
Учитель айтгъан кюйде этип, насиплик тапдым, *en faisant comme le dit mon professeur, j'ai trouvé le bonheur*
Les propositions subordonnées sont liées à la principale à l'aide des conjonctions, des terminaisons des cas, des formes verbales.

Le discours direct

Il reproduit les paroles d'une personne telles qu'elles ont été dites. L'ordre des mots et l'intonation sont ceux de la langue parlée.
« Мен охуйман »,- дей Мухтар : *je lis, dit Mouxtar*
Мухтар дей :" Мен охуйман " : *Mouxtar dit: "Je lis"*
"Мен", -дей Мухтар - "охуйман " : *"moi, dit Mouxtar, je lis"*

Le discours indirect

Le discours indirect reproduit les paroles d'une personne indirectement, par l'intermédiaire d'une autre personne. Comparez les deux phrases:
Мухтар дей :" Мен охуйман " : *Mouxtar dit: "Je lis"*
Мухтар китап охуйман дей . *Mouxtar dit qu'il lit*

L'adverbe

Les adverbes de manière

Ils répondent aux questions : **къандай ?** : *de quelle manière?*
Voici les plus courants:

аста : *doucement, légèrement*
астаракъ: *plus doucement, légèrement*
тез : *vite*
чалт: *habilement*
яяв : *à pied*
сийрек : *rarement*

Les adverbes de quantité

Ils répondent à la question **нечакъы ?** : *combien ?* Par exemple :
аз : *peu*
кёп : *beaucoup*
бираз : *un peu*

Les adverbes de temps

Ils répondent aux questions : **къачан ?** *quand?* ; *depuis quand?*
Les adverbes de temps les plus utilisés sont:
бугюн : *aujourd'hui*
тюнегюн, *hier*
гюндюз, *le jour*
былтыр, *l'année passée*
гьаман, *toujours*
бащда, *au commencement de qqch*
сонг, *après*
тангала: *demain*
эртен: *le matin*
энди : *maintenant*
гьали : *maintenant, à ce moment*
ара-арада: *parfois*

Les adverbes de lieu

Ces adverbes indiquent le lieu de l'accomplissement, de la direction de l'action ou de l'état . Les adverbes les plus utilisés sont :
Ари: *là bas*
Бери: *ici*
Мунда:*ici*
Онда: *là bas*
Мундан: *d'ici*

Formation des adverbes
La plupart d'entre eux se forment avec l'un des suffixes suivants :
-лай, -лей, -лайын,- лейин, -ча,-че, -дай,-дей.
Voici quelques exemples d'adverbes ou de locutions adverbiales:
шулай, *ainsi*
олай, *ainsi*
булай, *ainsi*
экинчилей, *deuxièmement*
иссилейин, *quand il est chaud*
алмалайын, *en etat de pomme*
русча, *le russe*
къумукъча, *le koumyk*
къурчакъдай, *comme la poupée*
бёридей, *comme le loup*

L'interjection

Les interjections se divisent en deux types, les exclamations et celles qui expriment une émotion :
Ces dernières peuvent exprimer:
- la douleur :
огь: *oh!*
багь: *est-ce que!?*
аллелей: *oh là là!*
гьей: *ah!*
магь-магь: *prends, prends!*
вай: *ay*! exprime la douleur
яхари: *ça ne peut pas être!*

Les exclamations expriment l'ordre, la défense, une prière et aussi la manière d'appeler des animaux.
Бишев-бишев: on appelle les chats pour donner à manger
Чишт: on chasse les chats
Жип, жип, жип : on appelle les poulets

Le vocabulaire

La formation des noms

La plupart des noms koumyks se forment en ajoutant des suffixes à une racine.
Les noms qui désignent des noms de personnes se forment en général à l'aide des suffixes suivants:

-чы, -чи,- чу,- чю:
къойчу, *berger*
балыкъчы, *pêcheur*
ишчи, *ouvrier*
колхозчу, *kolkhozien*

-даш,-деш:
ёлдаш, *compagnon*
сырдаш, *ami intime*
ватандаш, *compatriote*
гюндеш *rival*

-лык,-лик,-лукъ,-люк:
биченлик, *prairie*
ашлыкъ, *recolte*

лы,-ли,-лу, лю:
атлы, *cavalier*
юртлы, *villageois*

-вуч,-вюч:
тийревюч, *épingle*

-ыш, -иш,-уш,-уъш:
уруш, *scandale*

-ыв,-ив,-ув, уъв
оълюв, *mort*
гелив, *arrivée*

--акъ, -ек,--къ,к:
таракъ, *peigne*
къачакъ, гесек, morceau

-ч:
сюнч, *joie*
къызгъанч, *avare*

-макъ,-мек:
къуймакъ, *omelette*
къаймакъ, *la crème*

-чакъ,-чек:
эринчек, *paresseux*

-ки:
гюлентки, *ombre*

La formation des adjectifs
La plupart d'entre eux sont formés grâce à des suffixes, plus rarement des préfixes, ajoutés à des noms. Certains de ces suffixes sont spécifiques des langues turques, d'autres sont d'origine arabe, d'autres, très fréquents, d'origine persane, comme le sont tous les préfixes.
Les adjectifs se forment en général à l'aide des suffixes suivants:
-лы,-ли,-лу,-лю :
жанлы, *animé*
гючлю, *fort*
эрли, *mariée*
тузлу, *salé*

-гъы,-ги,гъу,-гю :
гюзгю, *de l'automne*
эртенги, *matinal*

-сыз,-сиз,-суз,-сюз (privation):
тилсиз, *muet*
аякъсыз, *sans jambes*
гючсиз, *faible*

лыкъ,-лик,-лукъ,-люк:
гюзлик, *de l'automne*

-чы,-чыкъ,-чек:
къызгъанчы, *avare*
макътанчыкъ, *vanteur*
эринчек, *paresseux*

Les mots empruntés à des langues étrangères

Les langues qui ont laissé le plus grand nombre de mots en koumyk sont le persan, le russe et, plus récemment, l'anglais. Ces mots sont innombrables, nous ne citerons que les plus fréquents.
Presque tous les mots russes sont compréhensibles en koumyk comme en ouzbek et en karakalpak Citons les exemples:
стол, *table* ; **завод**, *usine* ; **вокзал**, *gare* ; **поезд**, *train* ; **квартира**, *appartement* ; **тормоз**, *frein* ; **пиво**, *bière* ; **колбаса**, *saucisse* ; **паспорт**, *passeport* ; **почта**, *poste* ; **икра**, *caviar* ; **самовар** *samovar* ; **спутник** ; **стакан**, *verre à boire* ; **труба**, *tube* etc.
Bon nombre de mots internationalement connus sont passés en koumyk comme en karakalpak et comme en ouzbek, souvent par le russe :
Революция, банк, костюм, комитет, конгресс, фестиваль, сессия (*session*); **бульвар, абзац** *(alinéa)*, **ансамбль, аргумент, авиабилет, балет, декларация, аспект, бригада, экспонат, фантастика, школа, ритм, гангстер, инфекция, программа** etc.

Les néologismes

Les progrès de la science et de l'industrie, la spécialisation et la naissance de sciences nouvelles ont produit de nombreux mots nouveaux. Par exemple : **микрофон**, *microphone* ; **геноцид**, *génocide* ; **комфорт**, *confort*; **концерн** (mot allemand), *groupe industriel* ; **корт**, *court* (tennis); **ленд-лиз**, *lend-lease* ; **офис**, *office* ; **пикник**, *pique-nique* ; **ралли**, *rallye* ; **сандвич**, *sandwich* ; **шорты**, *short* ; **кросс**, *cross* ; **крекер**, *craker* ; **конвейер**, *bande transporteuse* ; **конгрессмен,** *congresman* ; **продюссер**, *producteur* ; **фен**, *fan* ; **менежемент**, *management* ; **менеджер**, *manager* et beaucoup d'autres.

Parenté des langues de la famille turque

Pour donner une idée de la parenté des langues turques entre elles, voici quelques exemples (ils pourraient se multiplier à l'infini) comparant des mots du karakalpak, de l'ouzbek et d'une langue turque géographiquement éloignée, le turc de Turquie :

Turc	ouzbek	karakalpak	koumyk	traduction
Güzel	**go'zal**	**go'zzal**	**гёзел**	*beau, joli*
Küçek	**kichik**	**kishkene**	**гиччи**	*petit*
Su	**suv**	**suw**	**сув**	*eau*
Ata	**ota**	**ata**	**ата**	*père*
Iki	**ikki**	**eki**	**эки**	*deux*
Üç	**uch**	**u'sh**	**уьч**	*trois*
Dört	**to'rt**	**to'rt**	**дёрт**	*quatre*

Les langues du Daghestan

Groupe indo-européen

Russe, langue officielle, compris par toute la population

Groupe caucasien du Nord-Est

Avar (26% de la population), au Nord
Darghin (ou dargwa, 15%), au Centre
Lezgin (ou lesghien ou küri, 11%), au Sud
Lak (au Centre, 5%)
Tabasaran (3,7%)
Agoul, au Sud, environ 20.000 locuteurs
Andi, au centre-ouest, subdivisé en 8 parlers, en recul au profit de l'avar qui est de la même famille:
Andi proprement dit, subdivisé en bas et haut andi, environ 20.000 locuteurs
Akhvakh, environ 6.000 locuteurs
Bagulal, environ 6.000 locuteurs
Botlikh, environ 3.000 locuteurs
Godoberi, environ 3.000 locuteurs
Karata, environ 5.000 locuteurs
Tchamalal, environ 7.000 locuteurs
Tindi, environ 5.000 locuteurs
Tsez (ou dido), de la même famille que l'avar, comme le andi ; il comprend deux dialectes, tsez et sagada
Bejta (ou qapuchi, à la frontière de la Géorgie), proche du tsez
Artchi, au centre (un seul village, environ 1.000 locuteurs)
Budukh, près de l'Azerbaidjan, environ 5.000 locuteurs
Khinaloug, au Sud (un seul village, environ 3.000 locuteurs)
Khwarshi, dialecte de l'andi, au Nord, environ 1.000 locuteurs
Oudi, au Sud (deux villages seulement, environ 4.500 locuteurs)
Routoul (ou rutul), au Sud, environ 15.000 locuteurs
Tsakhour, au Sud à l'Ouest du précédent, environ 15.000 locuteurs
Kryz (et son dialecte jek ou djek), parlé dans le village du même nom

Groupe turc

Azéri
Koumyk (12%)

Deuxième partie:
la conversation courante

Après avoir fait la connaissance de la grammaire koumyk, vous pouvez maintenant utiliser vos connaissances dans différentes situations. Nous tâcherons de vous expliquer la formation de ses expressions en s'appuyant sur ce que vous connaissez.
Les thèmes concernant cette partie seront les suivants :
- les salutations et les adieux
- les remerciements
- les présentations
- quelques expressions courantes
- les formules de politesse
- comment demander son chemin et se diriger
- le restaurant et l'hôtel
- les achats et la discussion des prix
- la date et l'heure
- la poste et le téléphone
- la santé
- les injures
- un peu d'argot

Les salutations et les adieux

A tous les moments de la journée, les Koumyks disent toujours **ассалам-алейкум** qui vient de l'arabe et qui veut dire *(Je vous souhaite) la paix*. On répond **валейкум-салам** qui veut dire *(Je vous souhaite aussi) la paix*.
Mais on peut dire aussi :
- le matin jusqu'à midi **Танг яхшы болсун**: *bon matin*
- le soir après environ 18 heures et la nuit :
ахшамынг хайыр : *bonsoir* et *bonne nuit*
Pour s'enquérir de la santé de quelqu'un, on dit :
Кююнг нечикдир? mot à mot : *comment est votre état ?*
Ишларинг нечикдир? : *comment ça va ?*
Mais pour dire *Comment allez-vous* ? **Кююнг нечикдир?**, la réponse à la question est:

Сав бол, яхшы : *merci, très bien.*
Сав бол, яман: *mal, merci.*
Сав бол, яман эмес : *pas mal, merci*
Гьалынг нечикдир ? *Comment est ta santé ?*
Барыбызда сав-саламат : *Tout le monde est en bonne santé*

Pour se quitter on dit d'habitude:
Сав бол *! Au revoir , sois en bonne santé*
Салам айтын *! Transmettez mes salutations*

Les remerciements

La façon générale de dire merci est **Сав бол** : *merci*
Pour remercier quelqu'un pour quelque chose, on dit aussi **Сав бол :** *merci*

Les présentations

Pour se présenter, on dira :
Мен Эвелин Бургадман:*je suis Evelyne Bourgade.*
Мен муалимман :*je suis professeur*
Ou bien, on dit aussi:
Менинг атым... *je m'appelle...*
Si vous voulez présenter quelqu'un la formule générale est :
Танышынг...:*faites la connaissance de...*
танышынг...: est l'impératif du verbe **танымакъ** : *faire la connaissance.*
Pour indiquer la profession de la personne que l'on veut présenter, on dit :
Ибрагимов А.М. мактап директоридир, *Monsieur Ibraguimov A.M. est le directeur de l'école.*
дир est la troisième personne du verbe **эди.**
Les Koumyks n'utilisent pas le mot *monsieur*
Quand on vous présente quelqu'un, vous pouvez répondre :
Танышайыкъ, мен... *Faisons la connaissance, je suis*
Сиз билан танышгъанима шатман : *enchanté de faire votre connaissance* ou bien **артыкъ даражада шатман,***je suis très heureux.*
Загьметде болмаса, мени таныштиринг : *présentez- moi !*

Таньшьнг, менинг досым : *Faites connaissance, mon ami*
Атыныз ким?: *Comment vous vous appelez ?*
Фамилияныз ким ? *Quel est votre nom ?*
Сизди гёргенима шатман : *Je suis content de vous voir*
Хошгелди! *: Soyez le bienvenu*

Pour continuer la conversation vous pouvez demander:
Касбугъуз недир ? : *Quel est votre profession ?*
Балалариныз барми? : *Avez-vous des enfants ?*
Турушунг-къонушунг къайдадыр? : *Où habites-tu?*
Дос-къардашлар нечикдир ? : *Comment vont vos parents ?*
Не хабарлар бар?: *Quoi de neuf ?*
Мен сизни бирде унутмасман : *Je ne vous oublierai jamais*
Мены атымдан салам айтын : *Saluez tout le monde de ma part.*

Comment demander son chemin et se diriger

Les expressions les plus utiles pour demander son chemin et se diriger sont :
...къайда барасан ? : *où vas-tu.?*
Онг якъгъа : *à droite*
Сол якъгъа : *à gauche*
Тувра якъгъа : *tout droit*
Бу якъда*: ici*
О якъда *: là*
Къайсы автобус (троллейбус) булан шагьар центригьа барса болади ?:
Quel autobus (trolleybus, tramway) dois-je prendre pour me rendre au centre de la ville, s.v.p. ?
(Троллейбус) автобус остановкасы къайда ? : *Où est l'arrêt d'autobus (de trolleybus) ?*
Такси остановкасы къайда?: *Où est la station de taxis?*
Тар орам : *une rue étroite*
Генг орам : *une rue large*
Ёлунг тюз болсун! Яхшы ёл! : *Bon voyage!*
Ёл харж : *les dépenses de voyage*

Ёл уьстде ресторан (кафе, киоск, гьажатхана) бармы?:
Où est le plus proche restaurant (café, kiosque à journaux, toilette) s.v.p.?
Вокзал, стадион, музей, гостиница, театр, зоология паркыгъа не ёл булан барып болади ?
Pourriez-vous me dire coment aller à la gare (au stade, au musée, à l'hôtel, au théâtre, au jardin zoologique)?
Мен ят эллерденмен , шагьарны яхшы билмеймен. :
Je suis étranger(ère) et je ne connais pas la ville.
Мен оьз группамни тас эттим :
J'ai perdu mon groupe
Мен адашып къалдым : *Je me suis égaré(e)*
Бу ерде : *ici*
Шо ерде : *là*
Алдында: *devant*
артда : *derrière*
токътан! **:** *stop!*
Бу якъда токътатын : *arrêtez ici*
Барын! : *allez !*
Бу узакъдамы ? : *est-ce loin ?*
Дюр, узакъда: *oui, c'est loin.*
Вокзал узакъдамы? : *est-ce que la gare est loin ?*
Гостиницага къайсы автобус барады ?
quel autobus va à l'hôtel ?
Мени гостиницага алып барын : *conduisez-moi à l'hôtel*
Франция элчиханасига алып барын: *conduisez-moi à l'ambassade de France* (mais il n'y en a pas au Daghestan..)
Тюз юрюймек : *aller vite*
Бу ерде онг якъгъа бурулын: *tournez à droite ici*
Тувра якъгъа юрюй берин: *continuez tout droit*
Вакътисинде гелмек : *venir à l'heure*
Ёл гьакъ: *le billet*
Ёлну гёрсетмек : *montrer la route*
Ёлга салмакъ: *montrer la route*
Ёл бермек: *donner la route*
Ёлгъа тюшмек: *prendre la route*
Ёлун тас этмек: *égarer*
Ёлдан тойышмакъ: *égarer*
Гечигип гелмек: *venir en retard*

A l'hôtel

En général, le personnel des hôtels parle les langues étrangères, mais si vous parlez koumyk…
Le mot *chambre* se traduit **комната** et **номер**.
Avez-vous une chambre libre? se traduit donc **бош номерлар барма?**

Voici quelques phrases et mots que vous pouvez utiliser pendant votre séjour chez les Koumyks.
Lit à une place : **бир гишилик номер**
Chambre avec bain : **ваннаси бар номер**
Y a-t-il une chambre libre : **бош номер барма?**
J'ai réservé une chambre pour une personne (pour deux personnes) : **Магъа бир гишилик (эки гишилик) номер алып къойылгъан**
Votre passeport, s'il vous plaît : **паспортыныз берин**
Remplissez ce formulaire **: бу къагъызны толтурын**
Pour combien de jours êtes-vous ici ?: **сиз бу ерге нече гюнге гелдиниз ?**
Je suis isi pour trois jours (pour une semaine) : **Мен бу ерге уьч гюнге (бир жумага) гелдим**
Combien cela coûte-t-il ?: **Буну нечакъдыр багьасы ?**
Votre chambre est au rez-de-chaussée (au sixième étage): **Сизин номериныз биринчи къабатда (еттинчи) .**
A quel étage est cette chambre ? : **бу номер неченчи къабатда?**
Donnez-moi ma clé, s'il vous plait : **номернинг ачгъычыны берин**
Oû est l'ascenseur ? **Лифт къайда ?**
L'ascenseur est à droite (à gauche) **Лифт онг якъда (сол).**
Réveillez-moi à 7 heures du matin : **Мени сагьат еттиде танг булан юхудан туругъуз**
Portez, s'il vous plait, mes valises (mes bagages) dans ma chambre : **мени чемоданымни (юкимни) номерга алып чыгъарып берин**
Dans quel hôtel descendrons-nous ? **Къайсы гостиницага токътаймыз ?**
Merci, c'est justement ce qu'il nous faut **Бизге шу зат герек**
C'est commode pour nous **Бизге шолай онг :**
Y a-t-il des messages pour moi? : **магъа кагъыз барма?**
Y a-t-il l'eau chaude toute la journée? : **гьар гюн исси сув барма?**
Le numéro de ma chambre est.. : **мени комнатам номери...**
Merci pour votre hospitalité : **къонакълыкъ учун сав бол**

Demain : **тангала**
Après deux ou trois jours : **эки-уьч гюнден сонг**
Adresse : **адрес**
Bagage : **юк**
Clé, **ачгъыч**
Lit : **кровать**
Compte : **гьисап**
lampe : **лампа**
corridor : **коридор**
Les étages en koumyk se comptent comme en Russie : le rez-de-chaussée est considéré comme le premier étage. Le premier sera le deuxième étage.

Les achats

Pour effectuer vos achats vous pouvez utiliser ces formules :
Мен къайдан …сатып алсам бола(?) ? : *Où puis-je acheter..?*
Базар къайде? : *où est le marché ?*
Нече? : *combien ?*
Нечакъдыр багъасы ? : *combien coûte… ?*
Мен сатып алмакъчы эдим(?) : *je voudrais acheter*
Магъа герек : *j'ai besoin*
Барма ? *avez-vous… ?*
Гёрсетинг… : *montrez-moi…*
Quand l'objet est entre vos mains, le vendeur pourra vous dire:
Муну сюесизми ? *Est-ce que cela vous plait* ? Mot à mot: *cela vous plait*
Si vous n'êtes pas satisfait de ce qu'on vous propose, vous pouvez dire avec **бек,** *très* :
Бу бек тегин : *c'est trop bas*
Бу бек тар : *c'est trop étroit*
Бу бек генг: *c'est trop large*
Бу бек гиччи : *c'est trop court*
Бу бек узун : *c'est trop long*

En général les prix sont fixes, mais vous pouvez tenter de marchander.
Бу затны багъасын учуз этмейсизми ? *Pouvez-vous baisser le prix ?*
Бу зат ёкъ : *il n'y en a pas*

Алын : *prenez*
Аламан : *je prends*
La monnaie koumyk est le **рубль**, *rouble*, divisé en 100 **копек**.

La date et l'heure

Les jours de la semaine sont

итнигюн : *lundi*
талатгюн : *mardi*
арбагюн : *mercredi*
хамюсгюн : *jeudi*
жумагюн : *vendredi*
шабат : *samedi*
къаттыгюн : *dimanche*

Le mot **жума** signifie *semaine*
гюн : *jour*
ай: *mois*
йыл : *année*

Les noms de mois sont sensiblement comme les mois français :

январь : *janvier*
февраль : *février*
март : *mars*
апрель : *avril*
май : *mai*
июнь : *juin*
июль : *juillet*
август : *août*
сентябрь : *septembre*
октябрь :*octobre*
ноябрь : *novembre*
декабрь : *décembre*

Si, pour la formulation de la date, les Français emploient des nombres cardinaux, les Koumyks utilisent les nombres ordinaux.
20 mai 1999 : **йигирманчы май минг тогъуз юз токъсан тогъузунчу йыл** (mot à mot : *vingtième mai 1999*).

Voici comment se forment quelques phrases relatives à la date :
Бугюн къайсы гюндюр? : *quel jour sommes-nous aujourd'hui?*
Mot à mot : *aujourd'hui, quel jour de la semaine* (*sommes-nous*)?
Бугюн къатттыгюн : *c'est dimanche aujourd'hui*

L'heure
Pour demander l'heure, dîtes simplement :
Нече сагъатдыр? *quelle heure est-il* ?
Сагъат эки : *il est deux heures*

Сагъат онден он беш минут оьтдю, *il est dix heures et quart*
сегизге беш минут бар, *il est huit heures moins le quart*
он эки сагъат ярым, *il est douze heures et demi*
минут : *minute*
тюш: *il est midi*
секунд : *la seconde*
ахшам : *le soir*
гече орта : *la nuit, minuit*
энди геч болду : *Il est déjà tard*
ли ерте *: Il est encore tôt*
Ярым сагьат : *Une demi-heure*
Бир сагьат : *une heure*
Гече-гюндюз, сутка :*Vingt-quatre heures*
Мен лап вакътисинде гелдим *: Je suis à l'heure*
Мен гечигип гелдим : *Je suis en retard*
Бир нече гюн алдын : *Il y a quelques jours*

La poste et le téléphone

***La poste**.*
Il est plus facile de régler ses problèmes avec le personnel des hôtels que de se rendre à la poste. Si vous voulez vous débrouiller seul vous aurez quelques phrases à votre disposition:

Voici le vocabulaire de base pour la poste:
Хат, кагъыз : *la lettre*
открытка : *la carte postale*
телеграмма: *le télégramme*
пакет : *le paquet*
марка *: le timbre*
конверт : *une enveloppe*
авиа : *par avion*
срочно : *urgent*
бандероль : *une lettre recommandée*
бланка : *le formulaire*
поч, почта : *la poste*
почтальон : *le facteur*
терезе,: *le guichet*
почта къутугъу : *la boîte aux lettres.*

Pour former les phrases, il faut compléter avec les mots ci-dessus les expressions suivantes :
Мен коллекция учун маркалар сатып алмакъчы эдим : *je veux acheter des timbres de collection*
магъар беригиз... : *donnez-moi...*
Айтынчы, бу телеграмма къачан барады ? : *Dites-moi, s. v. p., quand arrivera ce télégramme ?*
нечакъдыр багъасы ? *Combe n dois-je payer?*
Маркали экита конверт беринг : *donnez-moi deux enveloppes timbrées*
Посылка къайда алыныды? *Où est le service des colis postaux ?*
телефон китапы : *Annuaire des téléphones*
Мен кагъызны ону оьз къолуна тапшурдум *j'ai remis la lettre en mains propres*

Le téléphone
Comme les Français, les Koumys disent **алё, алё!** et ils énoncent les numéros de téléphone par groupes de deux chiffres. Voici quelques expressions que vous pourrez employer :
Мен телефон къылувым герек: *Je dois donner un coup de téléphone.*
Сёйлен : *Parlez*
Эшитемен : *je vous écoute*
Ким булан сёйлеяпман ?: *qui est à l'appareil ?*
Мен Барчин булан сёйлешмекчимен: *je voudrais parler à Bartsin.*
Бир минут къарап турын: *attendrez-vous un minute ?*
Французча сёйлейеггъын адам бар мы? : *y a-t-il quelqu'un qui parle français?*
Телефон будкаси къайдадыр ? : *où y a-t-il une cabine téléphonique ?*
Бош эмес : *Pas libre*
Жавап ёкъ : *Pas de réponse*
Телефон бузукъ : *L'appareil est abîmé* (pensez à *bachi-bouzouk* de Tintin)

La santé

Si vous avez ennuis de santé, vous pouvez vous adresser aux médecins koumyks qui parlent le russe. Le problème est d'obtenir dans les pharmacies les médicaments auxquels vous êtes habitués.
Voici le vocabulaire médical de base
доктор : *le médecin*
хирург : *le chirurgien*:
аптек : *la pharmacie*
дарман : *le médicament*
больница: *l'hôpital*
Скорый помощь (тез ярдым) : *l'ambulance* (mot à mot : *rapide aide*)
медсестра: *l'infirmière*
аспирин : *aspirine*
бинтлер : *la bande* (pansement)
Pour indiquer où vous avez mal, il faut faire suivre le nom de la partie du corps douloureuse par la forme **авруй** du verbe **аврумакъ**: *souffrir, avoir mal*
Башым авруй : *j'ai mal à la tête*
Тишим авруй : *j'ai mal aux dents*
Le *dentiste* se dit tout simplement : **тиш доктор**
Юрегим авруй : *j'ai mal au coeur*
Температурам бар : *j'ai de la fièvre*
Магъа сувукъ тие : *j'ai un rhume*
Сизин къан давлениеньз къанша ? *Quelle est votre tension ?*
Къан давлением нормаль : *D'ordinaire elle est normale*
Бу ер авруй : *Ici, est douloureux*
ёкъ : *Non*
авруй : *c'est douloureux*
тишимны пломбасы тушып къалды : *Un plomb a sauté*
Тиш этим авруй : *J'ai la gencive enflée*
тишни чыгъармакъ герек : *Il faut arracher la dent*
аппендицит : *l'appendicite*
диабет:*le diabète*
астма: *l'asthme*
сарилик : *hépatite*

Parties du corps :
къол : *le bras*
юрек : *le coeur*
бюйрек : *le rein*
къулакъ : *l'oreille*
къурсакъ : *le ventre*
гёз : *l'oeil*
оьпке : *le poumon*
юз : *le visage*
авуз : *la bouche*
бармакъ : *le doigt*
тери : *la peau*
аякъ : *la jambe*
аш къазан : *l'estomac*
баш : *la tête*
тамакъ : *la gorge*

A la pharmacie
Баш аврувга не дарман бар :*Qu'avez-vous contre le mal de tête*
Магъа тиш (баш аврувга, ёткюрмега, тамакъ аврувга) аврувга дарман берин: *Donnez-moi, s. v. p. quelque chose contre le mal de la dent (contre le mal de tête, contre la toux, contre l'angine)*
Сизде аспирин (гёзге дарман) бармы ?: *Avez-vous de l'aspirine (des gouttes pour les yeux) ?*
мен бу рецептге гёре дарман алывум герек (заказ беривум) : *Je voudrais recevoir (commander) le médicament figurant sur cette ordonnance*
ични гетгизадугъын : *un laxatif*
къаттырадугъын : *un astringent*

Au restaurant

La nourriture des Koumyks est excellente et variée. Nous en reparlerons dans la partie du livre consacré à la culture. Nous nous intéresserons ici au vocabulaire utile dans un restaurant. Les repas quotidiens sont :
Къушлукъ аш : *petit déjeuner*
Тюш аш : *déjeuner*
Геч аш : *dîner*

C'est sur le mot **аш** (*repas*) qu'est formé le mot *ашхана*, c'est à dire *restaurant.* Mais il s'agit plutôt d'une cantine. On emploie aussi le mot restaurant pour des établissements de haute qualité. Au restaurant vous pouvez employer les expressions suivantes :
Беригиз : *donnez*
Магъар беригиз: *apportez-moi*
Меню: *le menu*
Сувукъ сув : *de l'eau froide*
Минерал сув: *de l'eau minérale*
Къара къагьва : *du café noir*
Сют къагьва : *du café au lait*
Чай : *du thé*
Къызыл вино : *du vin rouge*
Акъ вино : *du vin blanc*
Пиво : *de la bière*
Ачдан ичим къычыра : *J'ai très faim*
Бизге кефир беригиз : *Apportez-nous du lait caillé*
Къашыкъ : *une cuillère*
Чиш, вилка: *une fourchette*
Бичакъ : *un couteau*
Стакан : *un verre*
Рюмка : *un petit verre*
Туз: *le sel*
Къызыл бурч : *poivre*
Уксус : *vinaigre*
Хрен: *raifort*
Соус : *sauce*
Аш болсун ! *: Bon appétit !*
On appelle le garçon en disant comme en russe **официант** et pour avoir l'addition il faut dire simplement : **Гьисап беригиз** ! : *Comptez !*

Quelques expressions courantes

Le koumyk possède aussi une série d'expressions que l'on peut entendre partout et qu'un étranger peut apprendre rapidement. Voici les plus importantes:

Accord

Гьай : *oui*

Дюр : *oui*

жаным булан : *avec plaisir*

Мен разиман *: je suis d'accord*

Яхшы *: bien*

Бек яхшы *: très bien*

Дурус : *Bon*

Тувра *: C'est correct !*

Сизинки дурус *! vous avez raison*

Сиз гьакъсыз : *vous avez raison*

Бек яхшы ! *: Parfait ! Agréable !*

Сиз гьакъсыз : *Vous avez raison.*

Мен къаршы эмес : *Je n'ai rien contre*

Оьзюнг билесен : *Comme tu veux*

Refus, négation

Ёкъ : non

Тилекке къаршы, мен къыла алмайман: *Malheureusement, je ne peux pas*

Сизге къошула алмайман : *je ne suis pas d'accord avec vous*

Болмас : *c'est impossible*

Сиз гьакъсыз *: vous avez tort*

Тарыкъ тюгюл *:Non, il ne faut pas*

Бу яман : *c'est mal*

гъеч къачан : *jamais*

Гёнгюм ёкъ: *Je ne veux pas*

Ону ончакъы агьамияты ёкъ *Ce n'est pas important*

Excuses, regrets

Багъышлагъыз : *pardon*

Мени багъышлагъыз : *excusez-moi*

Гечикгеним саялы багъышлагъыз *excusez mon retard*

Бу мени хатам : *c'est ma faute*

Багъышлагъыз , мен айыплыман : *J'ai tort*

Юрегим ачына': *je suis désolé*

Баш уьсте : *Il n'y a pas de quoi*

Etonnement. Surprise. Perplexité
Вагь, болма ярайгъан къаттюгюл !: *Ce n'est pas possible !*
Ва,тюгюлдюр !: *C'est impossible* !
Гьы, не тарыкъ !: *Et bien que voulez- vous ?*
Гьы, шолаймы ?: *Pour de bon ? Vraiment ?*
Бу не аламатдыр !: *Incroyablement*
Ажайып! : *C'est drôle ! C'est étrange* !
Шолаймы дагъы ? *En voilà une histoire*!

Les formules de politesse

Маргьамат *: s'il vous plait*
Аллагьюзен : *s'il vous plait* (pour une demande)
Жанынг сюйген чакъы : *Comme tu veux*
Къолдан келген затны этермен *: je ferai tout ce qui est possible*
Баш уьсте : *Il n'y a pas de quoi*
Савбол : *merci*
Кёп сав бол : *grand merci*

Vœux
Сизге талайлылыкъ ёраман: *je vous souhaite du bonheur*
Саламатлыкъ учун: *à votre santé*
Тувгъан гюн булан : *bon anniversaire*
Ёлунг тюз болсун : *bon voyage*
Гюн яхшы болсун ! *Bonne journée !*
Янгы йылыгъыз къутлу болсун *! Mes meilleurs vœux pour le Nouvel An !*
Янгы йылда сизге талайлылыкъ ёраман ! *Je vous souhaite du bonheur pour le Nouvel an !*
Ишинг тюз болсун ! *Je te souhaite les meilleurs vœux !*
Яхшы тилеклар булан ! *avec mes bons souhaits !*
Байрамыгыз къутлу болсун ! *Que la fête sera heureuse !*
Байрамыгъызни яхшы оьткерин ! *Passez bien votre fête !*

Mots et expressions les plus employés
Мен англамайман : *Je ne comprends pas*
Баш уьсте : *S'il vous plaît*
Сав бол : *Merci*
Яхшы : *Bon*

Яман : *Mal*
Эсимде ёкъ : *J'ai oublié*
Эсден чыгъармагъыз : *Ne l'oubliez pas, s.v.p.*
Магъар эсде ёкъ : *Je ne me rappelle pas*
Герек : *Il faut*
Герексиз *: Il ne faut pas*
Кёп : *beaucoup*
Аз: *peu*
Къыйматлы : *cher*
Учуз : *bon marché*
Етерли : *assez*
Бары шу : *C'est tout*
Къайда ?: *Où ?*
Шо ерде : *là- bas*
Бу ерде : *ici*
Узакъ : *loin*
Ягъын : *tout près*
Ичинде : *dedans*
Тышда : *dehors*
Уьстюнде : *en haut*
Тюбинде : *en bas*

Les problèmes de la langue

Мен къумукъ тилин сув йимик билемен : *je sais très bien le koumyk*
Мен къумукъ тилни (охувни, язывну) билмекни ёраман *: je veux apprendre (à lire, à écrire) le koumyk*
Меп язывну билмекни ёраман *: je veux apprendre à écrire*
Сизни яхшы тюшюнемен,амма сёйлемекка къыйынлыгъым бар: *Je vous comprends bien, mais j'ai du mal à m'expliquer*
Мени тюшюнесизмы ? : *me comprenez-vous ?*
Мен сизни тюшюнмеймен *: je ne vous comprends pas*
Тюшюнмеймен *: je ne comprends pas*
Билмеймен *: je ne sais pas*
Такрарланг !: *répétez !*
Бу сйзню маънасы недир ? *Que signifie ce mot ?*
Бу сёз къандай язылгъан ? : *Comment se prononce ce mot ?*
Бу къумукъ тилде къандай болады? : *Comment s'appelle cela, en koumyk ?*

Не тиллерни билесиз? : *Quelles langues connaissez-vous ?*
Бир нече сёзюм бар: *j'ai à vous dire*

Divers
Мен унутдым : *j'ai oublié*
Унутман ! : *n'oubliez pas !*
Гелин : *venez s.v.p*
Барын : *allez s.v.p.*
Тувра якъгъа барын : *passez devant s.v.p.*
Олтуруп турын : *asseyez-vous s.v.p.*
Ярдымга ! : *au secours !*
Сакъ болын : *danger !*
Къыймылламан : *ne bougez pas !*
Эшитин! : *écoutez !*
Уру : *au voleur*

L'argot

L'argot de ceux qui pratiquent le même métier est dit argot professionnel, celui des membres d'un milieu social fermé, argot social.
Липа : *faux*
Капуста : (le chou) : *dollar*
Мент (le milicien) : *le policien*
Тачка : *la voiture*
Преп : *le professeur*
Локаторлар *: les oreilles*
Лапа : *les bras*

Quelques injures

Les Koumyks sont des gens courtois et hospitaliers, surtout avec des étrangers. Mais quand ils sont en colère, on peut savoir l'état de leur énervement pendant la dispute par les injures, expressions que nous vous recommandons de ne pas employer.
Авазынгны чыгъарма! : *Tais-toi*!
Ёкъ бол! : *Foutez le camp*!
Дувадакъ! : *Bête* !
Чочкъа ! : *Cochon*!

Загъруман! : *Parbleu* !
Сволочь! **:** *salaud* **!**
Темтек! *: Bête* !

Quelques proverbes

Expression imagée de la philosophie pratique ou bien parole mémorable, les proverbes révèlent l'âme d'un peuple.
Les proverbes koumyks sont nombreux. En voici quelques uns, faciles à traduire:
Гьаракатгъа берекет : *qui cherche trouve* (mot à mot : *à celui qui tâche de faire quelque chose la chance aide*).
Гьеч болгъандан геч болгъан къолай: *mieux vaut tard que jamais*
Ит гьаплар, гериван гечер : *le chien aboie, la caravane passe*
Не чачсанг, шону орарсан : *Qui sème le vent récolte la tempête*
Кёкден эшек къычыргъынча : *quand les poules auront les dents*
Гёз гёрмес, гёнгюл сюймес : *Loin des yeux, loin du coeur*
Тав тавгъа ёлукъмай, адам адамгъа ёлугъа : *Il n'y a que les montagnes qui ne se rencontrent jamais*
Иши ёкъну ашу ёкъ *: qui ne travaille pas, ne mange pas*

Divers

Les abréviations
Les textes écrits en koumyk comme en français comportent des abréviations qui rendent la lecture difficile. Parmi les plus courantes :
БМТ (Birlesken Milletler Sho'lkemi) : *ONU*
АБШ (Американы Бирлешген Штатлары) : *USA*
ДИА(Дагъыстан Илмулар Академиясы) : *L'Académie des Sciences du Daghestan*
ГСГ : (Гьукуматны Савут Гючлери) : *Les Forces Militaires du gouvernement*
ДТА (Дагестан Телеграф Агентлиги): *Agence Daghestan-Presse*
маг : *magnétophone*
мат : *les mathématiques*
баскет : *le basket-ball*

Les couleurs **Ренк**
Къызыл: *rouge*
Сари : *jaune*
Непти : *brun, marron*
Яшыл:*vert*
Гёк*: bleu clair, bleu ciel*
Гёк: *bleu*
Акъ:*blanc*
Къара: *noir*
Алтын ренк: *doré*
Ала : *bigarre*
Мелевше тюс: *lilas*
Кюлсыпат: *gris*
Къызгъылт': *rose*

Les qualités **Сыпат**
Яхшы : *bon*
Яман: *mauvais*
Гёзел: *beau*
Эрши*: laid*
Къыйматлы: *cher*
Учуз: *bon marché*
Къарт: *vieux*
Янгы: *neuf*
Гючлю : *fort*
Гючсиз *: faible*
Кенг: *large*
Тар: *etroit*
Узун: *long*
Къысгъа: *court*
Ярыкъ: *clair*
Аста: *lent*
Тез: *rapide*

Mots et expressions interrogatifs
Ким?: *Qui? Qui est-ce qui?*
Не?: *Qu'est-ce qui? Que? Qu'est-ce que?*
Къайда?: *Où?*
Къачан?: *Quand?*

Не учун?: *Pourquoi ?*
Не себепден?: *A quoi bon?*
Къайсы?: *Quel? Lequel?Laquelle?*
Къайдан?: *D'où?*
Нече?: *Combien?*
Къачан?: *Quand?*
Бу ким?: *Qui est-ce?*
Ким булан?: *Avec qui?*
Не саялы ? : *Pourquoi ?*
Сиз къайда эдигиз ? : *Où étiez-vous?*
Сизин негиз бар? : *Qu'est-ce que vous avez?*
Сизин оюгъуз нечикдир?:*Qu'est-ce que vous (en) pensez?*

Troisième partie :
La culture koumyk

Le drapeau et les armoiries du Daghestan

Le drapeau du Daghestan, adopté le 2 octobre 1994, se compose de trois couleurs : vert, bleu et rouge. Les armoiries du Daghestan ont été adoptées le 2 octobre 1994. Elles représentent un écusson héraldique d'une forme ronde. Au centre, l'aigle. Les ailes de l'aigle sont les symboles de l'hospitalité, de l'esprit pacifique des peuples du Daghestan. Au dessus de l'aigle, le soleil en forme de disque, bordé d'un ornement spiral. A la base de l' écusson il y a les sommets d'un blanc doré des montagnes, la plaine, la mer, et la poignée de main. Des deux côtés de laquelle il y a le ruban vert avec le mot **Дагестан** écrit en lettres blanches. En haut, l'écusson est encadré par un ruban or, en bas par deux liserets ornementaux: bleu à gauche et rouge à droite. Le rouge est le symbole de la démocratie, de la force civilisatrice de l'esprit humain, de la vaillance et du courage des Daghestanais. Le bleu est le symbole de la grandeur des peuples du Daghestan, de l'éternité. Le vert est le symbole de la vie et de l'islam, de l'espoir.Le blanc est symbole de la pureté. L'or est le symbole du pouvoir.

Structure politique

Au cours des XVème et XVIIIème siècles, les shamkhals gouvernèrent les Koumyks. Au XIXème siècle, ils se retrouvèrent sous le joug de la Russie. A l'époque des Soviets, le Soviet Suprême de la république autonome du Daghestan était l'organe principal du pouvoir qui obéissait au Soviet Suprême de la Russie et le Soviet Suprême de la Russie obéissait au Soviet Suprême de l'URSS.

Après la chute de l'URSS, **Миллий мажлис** (*Parlement*) devient l'organe suprême de la République. Il est élu pour 4 ans par tous les citoyens des 14 peuples de la république. Les députés doivent avoir 25 ans au minimum. Le gouvernement est dirigé par le Conseil des Ministres. Le Premier ministre de la république rend compte de ses activités au **Миллий мажлис** du Daghestan une fois par an. La république du Daghestan a son représentant à la **Госдума** de la Russie. Le Daghestan est une république démocratique au sein de la Russie. La Russie est membre de l'O.N.U.

L'organisation administrative

La république du Daghestan

Elle s'est déclarée souveraine. Elle se compose de 10 villes, de 41 régions, 1.603 districts. La densité de la population est de 42,2 habitants au km².

Les lois de Russie s'appliquent sur le territoire du Daghestan, mais cette république possède son hymne national, son drapeau et ses armoiries. Sa capitale est Makhatchkala.

Villes	Date de fondation	Population
Makhatchkala	1855	390.000
Bouynax	1866	57.600
Derbent	3000 avant J.C	92.300
Daghestanskie Ogni	1991	25.800
Izberbache	1949	37.500
Kaspiysk	1947	68.700
Kizilyurt	1963	42.200
Kizlar	1753	47.900
Khasavyurt	1931	85.700
Youjno-Coukhokousk	1988	9.400

(données de 1999)

Les Koumyks au Daghestan

Les Koumyks composent 12,9% de la population du Daghestan. Leur pourcentage au Daghestan est le suivant :

Dans les régions :

Kumtorkalinsk 67,5%
Karaboudaxkentsk 62%
Bouynaks 55%
Kayakent 51%
Babayurte 44%
Khasavyurt 28,5%

Kizilyurt 13,6%
Kaytague 9%

Dans les villes :
Makhacthkala 15%
Bouynaks 1/3 %
Khasavyurt 0,25 %
Kizilyurt 0,20 %
Kaspiysk 10%
Derbent 1%

Dans les cités :
Tarki 91%
Tyube 36%
Leninkent 31,3%
Kakhulay 28,6%
Albourikent 27,6%
Changala 26,8%
Manaskent 24,9%

Le caractère koumyk et les traditions

Les Koumyks sont très accueillants et hospitaliers. Ils aiment se réunir en groupes, organiser pour les fêtes de famille des festins auxquels tout le village participe.Ils sont d'un naturel gai et rieur.
Le sentiment d'entraide et l'esprit d'équipe sont très développés chez les Koumyks. Une forme d'entraide particulière dans les travaux d'agriculture existe ici depuis des temps immémoriaux, elle se nomme **булкъа**. Il y avait :
чоп-булкъа est le nettoyage des mauvaises herbes dans les semences
оракъ-булкъа est le rassemblement pour la moisson
Гьабиждей-булкъа est un rassemblement pour battre le maïs
ортакъ est un forme d'union des paysans qui utilisent ensemble des outils et leur bétail
Le respect de ceux qui sont plus âgés est l'une des plus belles traditions. Dès leur plus jeune âge, les enfants apprennent à se comporter avec dignité.

La religion

Entre le VIIIème et le XIIème siècle de notre ère, l'Islam s'impose par les armes dans le Caucase. Selon certaines sources, le christianisme et le judaïsme avaient été pratiqués auparavant. Le folklore ethnographique garde la mémoire d'un culte du Dieu suprême **Тенгри**, des divinités et des génies du Soleil, de la Lune, de la Terre, de l'Eau. Les récits oraux, les chansons rituelles ont conservé le souvenir d'êtres démoniaques comme **Ал баслы** (*la femme laide*), **Сув анасы** (*mère de l'eau*, qui peut noyer les baigneurs), **Темиртёш, Къылычтёш** (qui ont dans leur poitrine des sabres et des haches), **Сюткъатын** (déesse de la pluie et de la fécondité), **Басды-рыкъ** (elle peut étrangler les gens qui dorment), **Сулагъ** (un être vorace).
Les Koumyks comme les Ouzbeks sont musulmans. Pendant l'occupation tsariste, la population conserva ses lois basées sur la **шариат** (qui détermine les comportements religieux et sociaux des croyants), mais elle n'eut pas le statut de citoyens de l'Empire. La Révolution de 1917 et l'arrivée au pouvoir de Lénine accomplissent une partie des aspirations nationalistes. A partir de 1920 les communistes étaient hostiles dans les premiers temps puis se sont montrés plus conciliants au moment de la Nouvelle Economie politique (NEP). Puis est venu le temps de l'interdiction de la **шариат** (loi islamique), de la confiscation des fondations pieuses, de la fermeture des madrassas (écoles religieuses), de l'émancipation féminine (de 1927 au début des années 1930). Cette lutte a duré jusqu'à la guerre de 1941-1945. Avec la guerre, Staline eut besoin de l'adhésion de la population, il lui fallait des soldats pour la guerre. Un Islam officiel vit le jour. La politique soviétique à l'égard des musulmans avait des objectifs contradictoires: répression au nom de l'athéisme, tolérance au nom de l'internationalisme tiers-mondiste. Sous Khrouchtchev beaucoup de monuments ont été démolis. A l'époque soviétique, il était très difficile de se rendre dans les lieux saints comme la Mecque. Maintenant chaque année, les musulmans peuvent y faire leur pèlerinage. Selon la loi, toutes les religions sont égales et ont les mêmes droits. La religion est séparée de l'Etat et des écoles. Selon la Constitution de 1994 la liberté de conscience est garantie.
Au Daghestan il y a plus de sept communautés religieuses. Les plus nombreuses comme le christianisme orthodoxe ou le judaïsme ont leurs centres et leurs établissements supérieurs. En outre, on trouve des

adventistes, des catholiques, des luthériens, des hindouistes, des bouddhistes etc... Toutes ces religions utilisent librement la littérature publiée à l'étranger. Les relations religieuses avec les pays étrangers se développent. Les représentants du Daghestan participent aux conférences mondiales. Au Daghestan, il y a 1670 mosquées, 7 églises, 4 communautés d'adventistes, 4 synagogues, 837 lieux sacrés. Les religieux koumyks participent activement à la vie de la république.

Les fêtes au Daghestan

Toutes les fêtes Daghestan sont presque les mêmes qu'en Ouzbékistan. Il y en a beaucoup.

La plus populaire est **Навруз**. Cette ancienne fête de l'Orient signifie *nouveau jour* en persan. Elle célèbre l'arrivée du printemps, le jour de la renaissance de la nature. Navroz commence le 21 mars, jour de l'équinoxe de printemps quand le jour commence à devenir plus long que la nuit. C'est la fête de l'amitié, de la paix, de la charité.

Dans le mois du **Навруз**, dans les villes et dans les villages, on prépare les plats traditionnels dès la veille de la fête. On danse, on chante, on cause. Ce jour là les jeunes gens et les enfants portent un arbre décoré, ils dansent et ils chantent et félicitent tout le monde. On appelle ça **шатман**

"La fête des fleurs " est aussi l'une des anciennes fêtes (fin avril - début mai). Ce jour-là on va à la montagne ou aux champs pour cueillir des fleurs. On danse, on chante, on fait des festins. On peut voir des jeux sportifs et y participer. C'est la fête des jeunes mais les personnes âgées y sont aussi invitées.

La fête de la récolte est en automne. On y vend les produits des récoltes. On organise des jeux sportifs.

Quatre semaines après la fin du Ramadan, **Къурбан байрам**, la *fête du sacrifice*, fête musulmane religieuse, rappelle l'obéissance d'Abraham qui accepta de sacrifier son fils Ismaël. Ce jour-là on met en ordre les maisons et les rues, on s'habille de nouveaux vêtements, on va chez les malades, on se souhaite le bonheur et la santé, on va aussi au cimetière etc. et on égorge traditionnellement un agneau. Jadis, le gouvernement soviétique interdisait de la fêter. Cette fête dure trois jours. Maintenant le gouvernement a fait de ces jours-là des jours fériés.

Voici les principaux jours fériés:
Le 31 décembre - le Nouvel An
Le 9 mai - Fête de la Victoire
Le 21 mars - Navrouz
Le 8 mars - Journée internationale des femmes
26 juillet -Jour de la Constitution du Daghestan

Le mariage des Koumyks

Quand les jeunes décident de se marier, le jeune homme dit à ses parents son choix et les gens honorables de son entourage vont à la maison de la jeune fille. Si on est opposé à ce mariage, un non définitif sera donné dès la première visite. Si la jeune fille accepte, on commence les préparatifs de la noce.

Les parents de la jeune fille doivent préparer la dot : les habits traditionnels et modernes, les meubles. La dot dépend de la situation matérielle des parents. Le jour du mariage on invite des amies de la fiancée et elles s'amusent. Les amies et les amis des jeunes vont à la mairie pour enregistrer leur mariage. C'est un cortège de 5 ou 10 voitures modernes qui emplissent les rues. Les jeunes mariés sont habillés à l'européenne. Après l'enregistrement tout le monde va se faire photographier. Ensuite c'est l'enregistrement à la mosquée. On rentre et on commence à faire la fête. Les tables sont pleines de diverses nourritures et boissons. Les jeunes mariés s'installent à la place d'honneur. On leur porte des toasts. Les artistes dansent et chantent. On organise des jeux sportifs . Après quelques heures de fête, les jeunes mariés entrent dans la maison.

La circoncision

C'est l'ablation rituelle du prépuce. De nos jours, elle se pratique à l'hopital. La déclaration officielle de cet acte est fêté solennellement quand la famille a la possibilité de l'accomplir.

La cuisine

La cuisine koumyk est très épicée comme celle des Ouzbeks. Les mets sont variés, à base de viande, de produits laitiers, de riz, de légumes, de poisson. Le plat national des Koumyks est le **гъинкал** composé de viande hachée et de pâtes fraîches .
Les deux boissons principales sont **цикнай**, **муселлес** (jus de raisin). On boit aussi **тушап** (miel du raisin). Les plats les plus répandus sont: **аш** (le *pilaf*), **чишмик** (*chachlyk*), **шорпа** (soupe à la viande et aux légumes), **бозбаш** (sauce de viande sans pommes de terre), **чуду** (gâteau) et d'autres. Ces plats peuvent se présenter sous de nombreuses variantes.
La préparation d'un **аш** est une affaire importante. On coupe la viande et les carottes, on trie et lave le riz. Le **кебаб** (*kebab*) est un plat de petites brochettes de viande ou de foie de volaille. Les **пельмени-кюрзе** sont des raviolis. On fait des raviolis avec de la viande, des œufs et des herbes. Au petit déjeuner, les familles koumyks mangent du pain, des galettes avec du beurre et de la confiture, prennent du thé, du café. On mange souvent du riz au lait. On prend aussi des noix et des raisins secs etc.
Pour le repas, les Koumyks mangent du **аш**, du **гъинкал**, du **илашгъа** qui sont des nouilles ou des spaghettis, des **пельмени-кюрзе** qui sont des raviolis, de la viande, de la soupe, du poisson, des oeufs, du riz au lait, des **чуду** (pâtés feuilletés à la viande), des **голубцы** (feuilles de chou farcies de riz et de viande hachée) et beaucoup d'autres. Dans tous les plats (outre les plats laitiers) on met beaucoup d'oignons, de poivre, d'abricots secs, de pastila (pâte au blanc d'oeufs et au suc de fruits) ou bien de marmelade de cornouille. Les femmes koumyks sont célèbres par leur façon de cuire le pain (**этмек**). Il y a sept sortes de pain. Pour le dessert, ils prennent du thé, du lait, du lait caillé, des fruits, des légumes, des gateaux, de l'eau minérale, de la pastèque. Les Koumyks aiment beaucoup le **халва** (*halva*, friandise orientale aux noisettes, au sucre et à l'huile). On aime aussi les **гюлеме** (petits gâteaux farcis de **халва**)

Habitat et habillement traditionnels

Jadis les Koumyks habitaient dans des maisons en briques d'argile. Ces habitations n'avaient pas de poêle. On allumait du feu.
Les femmes koumyks ne portaient pas le voile. Les maisons des Koumyks aisés différaient de celles des pauvres par leur aisance.
Le costume national des hommes consistait en une chemise (**гейлек**) cousue en forme de tunique; chez les femmes cette robe descendait jusqu'aux chevilles et en pantalon rétréci en bas. Par dessus on portait des "surtouts" nommés **бешмет** (**къаптал**, *caftan*) juste à la taille, au collet montant, et aux manches étroites, les **чопкен** faits dans du drap. En hiver on portait des pelisses *(***тон***)*. Les pelisses cousues d'astrakans blancs (**кёрпе-тон**) coutaient très cher. On portait aussi la **бурка** (cape de feutre au Caucase). Les hommes chaussaient des bottes en cuir. Ils se coiffaient de la **папаха** (bonnet caucasien en peau de mouton).
Les habits nationaux des femmes comprennent des robes, **гёйлек** et **бузма гёйлек**. La **гёйлек**, cousue en forme de tunique, descendait jusqu'aux chevilles. La **бузма гёйлек** était composée d'un corsage cousu à la jupe large. Il y avait trois types de robes : **арсар** (robe avec une coupe de haut en bas et des manches à bascule jusqu'au coude), **полуша** (robe sans coupe, avec un corsage ouvert au sein, les manches cousues jusqu'à la main), **къабалай** (robe avec doubles manches, une étroite, et l'autre à bascule cousue jusqu'au coude). On portait des pelisses cousues d'astrakan blanc (**кёрпе-тон**). On portait des souliers en maroquin nommés **магий**. On portait des serre-têtes nommés **чуткъу**. Des parures très appréciées étaient les ceintures (**камал**), les colliers en argent (**тамакъса**), la verroterie, les broches en forme de rose avec des pierres précieuses, les boucles d'oreille avec des pendentifs, les bagues, les bracelets.
Les Koumyks sont de grands amateurs de tapis. Les tapis sont accrochés aux murs ou posés sur le plancher. Au cours de ces dernières décennies, les intérieurs koumyks ont perdu un peu leur caractère national. On peut y voir des meubles modernes, des téléviseurs, des magnétophones, des postes de radio, des réfrigérateurs, etc. La population porte des costumes européens.

La femme koumyk

Les femmes koumyks ne cachaient jamais leur visage, mais elles étaient aussi étroitement soumises à l'autorité de leur mari que la jeune fille à celle de son père. Depuis la Révolution d'octobre, les femmes koumyks comme leurs soeurs ouzbeks sont libres. Le premier Congrès "russo-musulman" à Moscou des musulmans de Russie, ont donné aux femmes l'égalité des droits. Le mariage des jeunes filles se pratiquait dès l'âge de 10 ans selon la coutume du **qalin** (rapt de la fiancée et rançon payée aux parents), la polygamie était courante. Le gouvernement soviétique a déclaré la femme musulmane libre pour renforcer et consolider la situation de l'Etat prolétarien et activer les masses. Pour les femmes il a aboli certains usages concernant l'union conjugale et il lui donne la liberté de décision et d'action. Maintenant la femme koumyk a les mêmes droits que l'homme. Il n'y a pas de femmes illettrées. Partout dans les villes et dans les villages, on peut voir des femmes émancipées. La contraception s'est généralisée. Le travail est devenu une des conditions de leur autonomie matérielle et de leur épanouissement personnel. Elles se sont mises massivement à travailler par choix, et ceci quel que soit leur milieu social ou leur profession. Elles sont chefs d'agences touristiques ou d'entreprises, députés, directrices d'écoles, etc. Maintenant la femme koumyk est libre, elle connaît ses droits. Elle s'habille comme les Européennes, elle se coupe les cheveux. Elle aime voyager et être responsable de ses actions. Dans la famille aussi la femme a une voix. Maintenant la femme koumyk ne diffère pas de sa sœur européenne.

La littérature

Le folklore des Koumyks est surtout connu pour ses poèmes, ses chansons, ses contes diffusés par des "bardes". Les Koumyks possèdent des cycles de chansons épiques. Le folklore du peuple koumyk est riche et varié. Les légendes, les contes, les proverbes, les dictons, les couplets folkloriques et les chansons burlesques **такъмакъ**, les devinettes, les chansons lyriques **сарын**, les chansons épiques héroïques **йыр** sont la fierté des Koumyks. Les poèmes épiques "**Минкюллю**", "**Корт Кожак и Максуман**" "**Жаванбий**", "La légende de la bataille près d'Angi" sont les monuments de la littérature épique des Koumyks.

La littérature épique des Koumyks commence à se former vers le XVIème siècle. Les représentants les plus remarquables de cette époque sont **Умму Камал, Багдад Али, Мухаммад Аваби** et d'autres. **Дербентнаме** (fin du XVème siècle) est l'une des premières sources de l'histoire des peuples du Daghestan. Mais la littérature des Koumyks s'élève à un niveau considérable à la fin du XVIIIème siècle. La formation de cette littérature est liée au poète **Йырчи Казак** (1830-1879). Cette époque est connue par de grands poètes comme **Йырчи Казак, М.Э. Османов, А. Какашуринский.**

М.Э. Османов (1840-1904) est l'auteur du premier livre koumyk et nogay "**Сборник ногайских и кумыкских народных песен**" (Питербург, 1883). La littérature démocratique connut un grand essor. Rasul Hamzatov est un célèbre poète du Daghestan. Il écrit en langue avar.

Н.Батурмирзаев (1897-1919) propagea l'enseignement féminin. Ses nouvelles "Davud et Layli" (1912), "Garoun et Zoubayda" ou bien "la malheureuse Janbike" (1910) furent les premières oeuvres en koumyk du Daghestan.

З. Батурмирзаев (1897-1919) était à la tête de la dramaturgie. Cette époque est connue aussi par les noms de A Akaev, de K.Jamaldin, de A.Dadaev. Les plus célèbres poètes du XXème siècle sont Алим–Паша Салаватов (1901-1942), Багаутдин Астемиров (1898-?), Темирбулат Бейбулатов (1879-1938), Наби Ханмурзаев (1897-1956), Абдулла Магометов (1879-1964). Les poètes et écrivains connus des années 1920-1930 sont А.В. Сулейманов (1909-?), Юсуп Гереев (1903-1941), Камиль Абакаров (!903-1943), А.Аткай (1910), Анвар Аджиев (1914), Камиль Султанов (1911), Ю. Алимханов (1910-1958), Басир Атаев (1908), В.Дыдымов (1902-1942).

Ш.Альбериев (1926), И.Асеков (1928), М.С.Яхычев (1922), И.Ибрагимов (1924) ont apporté leur contribution à la littérature koumyk.

L'éducation et la science

Auparavant le peuple koumyk utilisait l'alphabet arabe. Les garçons et les filles des familles aisées avaient seuls la possibilité d'étudier. Les classes étaient séparées.

Après l'invasion du Caucase, les Russes ouvrirent quelques lycées pour les enfants de riches. A cette époque, les madrassas et les écoles musulmanes fonctionnaient aussi. Après la révolution de 1917, les Soviets ont remplacé l'alphabet arabe par l'alphabet latin et mais la majorité du peuple ne pouvait pas apprendre le nouvel alphabet. En 1938, par un nouveau caprice, les Soviets introduisirent l'alphabet russe. Et ainsi les Koumyks comme les Ouzbeks qui ne connaissaient que le nouveau alphabet ne pouvaient pas avoir accès au trésor national écrit en alphabet arabe ou latin. Dans les écoles l'enseignement secondaire était obligatoire. Toutes les nationalités étaient également traitées. Il y avait des instituts, des écoles dans la république.

A présent, on porte beaucoup d'attention à l'éducation. Le gouvernement de la république soutient la science et l'éducation. On compte 5 instituts, 12 filiales des instituts, 25 instituts et filiales privés, plus de 29 technikums, 1603 écoles secondaires, dans 72 d'entre elles on enseigne en koumyk, 12 gymnases, 9 lycées, 7 collèges, 29 écoles professionnelles, 59 écoles du soir , 24 palais de pionniers, 3 bibliothèques centrales, 2000 bibliothèques, 18 musées (selon les données de 1996). Le centre scientifique du Daghestan se compose de 10 instituts de recherches. Dans ce centre 512 personnes font leurs recherches.

Les savants daghestanais, y compris koumyks, ont une excellente réputation internationale. A présent au Daghestan, il y a 67 docteurs ès-sciences et 600 licenciés (selon les données de 1996).

La musique

L'histoire de la musique koumyk est très riche. Chaque époque a de remarquables chanteurs et interprètes de tous les instruments. La musique comme le folklore s'est transmis d'une génération à l'autre. **Йырчи** sont les chansonniers populaires qui interprètent les poèmes épiques avec accompagnement de **къомуз**, instrument de musique qu'on frotte avec un archet.

Les instruments nationaux classiques des Koumyks **къомуз, каманча, зурнай, зыбызгъы, дюдюк, аргъан, жыкъы, балабан, тара, саз,тал, гавал, балалайка, мандолина, скрипка, гитара**. Le каманча, жыкъы sont des instruments musicaux semblables au violon. Le каманча est un instrument musical à deux cordes. Ces instruments restent toujours appréciés. Le théâtre koumyk a été fondé en 1930. Il y a une philharmonie, beaucoup d'écoles musicales, les théâtres populaires. Les noms des chanteurs et les chanteuses comme Т. Б.Бейбулатов, Т. Мурадов, Н. Дагиров, Х.Батыргишиев, И.Баталбекова., З.Алескендеров, Б.Бекболатов, Б.Ибрагимова, Б.Ильмурзаева, У. Арбуханова, К.Шамасов sont connus par tous les Koumyks. Le théâtre de marionettes (1943) donne ses représentations aux langues koumyk et russe. Il y a des troupes d'acrobates, des darbozs, des jongleurs, des clowns populaires nommés домбай. Казиев apporte une contribution importante à l'art cinématographique du Daghestan. La danse koumyk a plus de vingt variantes et se rapproche de la danse lesghienne.

Les amateurs de la république ont constitué une dizaine de groupes de danses et de chœur, des orchestres d'instruments nationaux et modernes. A présent, au Daghestan, il y a des écoles musicales pour les enfants, des écoles spéciales, des collèges musicaux, une philarmonie, 6 théâtres.

La télévision et la presse

La télévision

La télévision du Daghestan donne des émissions dans les langues russe, koumyk, avar et d'autres langues du Daghestan. Il y a un centre de télévision à Makhatchkala. Le Daghestan possède des chaînes en couleur.

Il y a une chaîne spéciale qui donne ses émissions seulement en langue koumyk.

Il y a un centre de radio. Il y a 26 chaînes de radio et de télévision. Les émissions de radio sont en langues : koumyk, russe, avar et d'autres langues du Daghestan.

La presse

Dans la république du Daghestan, il y a 145 journaux, dont 11 en koumyk, 14 d'entre eux sont des journaux républicains, 30 revues, deux agences d'information. Le gouvernement du pays multiplie les parutions de journaux. Voici les noms des journaux koumyks qui sont populaires:

Тенглик *Egalité* organe officiel du КНД (Кумыкское Народное Движение) Mouvement Populaire des Koumyks

Къумукъ иш *Affaire des Koumyks*

Къумукъ тюз *Vérité des Koumyks*

Къумукъ тюз *Vérité des Koumyks*
Тюзню танги *Aube de la Vérité*

Le sport

Dès l'antiquité le sport s'est développé au Daghestan. Les Koumyks pratiquent le football, le basket-ball, la natation, l'escrime, la gymnastique, le tennis, les échecs et beaucoup d'autres sports. Ал Клыч Хасаев (Рубин) était un lutteur koumyk universellement connu. Сали Сулейман Казанишенский, Али Казбек, Н.Насруллаев, А.Насруллаев, С.Абсаидов, М.Г. Абушев, Б.Гайдарбеков, А.Порсуков sont de célèbres sportifs koumyks du Daghestan.

Les relations économiques
La république de Daghestan fait partie de la république fédérative de Russie. Le Daghestan établit des relations économiques avec beaucoup de pays étrangers.

Quelques grands hommes

Мухаммед Аваби XVIème siècle. Auteur du **Derbent-name** , une des premières sources de l'histoire des peuples de Daghestan.
Йырчи Казак (1830-1879). La formation de la littérature koumyk est liée au nom de ce poète.
Абу Сафьян Акаев (1872-1931) savant et poète
Султан Мута Эндиреевский prince, qui était à la tête de la guerre contre la Russie en 1604
Ахмед-хан Дженгутаев était à la tête de la guerre contre Nadir, chah iranien au XVIIIème siècle.
Хасайсан Уцмишев général de l'armée russe, ami de M.F. Axoundov, A.Dumas, A.Bestoujev, Marlinski, qui luttait contre la colonisation du Caucase
Ю. Гереев, fondateur de la prose koumyk En 1938, il fut tué au cours des répressions de Staline.
Д.Къоркъмасов homme d'état. Après la révolution d'Octobre, il devint l'un des dirigeants du Daghestan. En 1938, il fut tué au cours des répressions de Staline.

Lexique français-koumyk

A

abcès яра
abricot кюреге
absence ёкълукъ
accepter разилешмек
accusé айыплы
acheter сатып алмакъ
acide кислота
acier болат
acteur актёр; артист
adresse адресс
administration администрация
admirable ажайып
aéroport аэропорт
affamer ют тарымакъ
affaire иш
âge (durée écoulée depuis la naissance) яш
(période de l'évolution du monde) девюр
le Moyen-Age Орта девюр
agréable илиякълы
agression агрессия
aide кёмек
aider кёмеклешив
ail самурсакъ
aimer сюймек
ainsi шолайлыкъ булан
allumer якъмакъ
alphabet алиплер ; азбука
alpinisme алпинизм
alpiniste алпинист
amande бадам
ambassade элчихана

ambassadeur элчи
âme жан
amende штраф
amener ала гелмек ; алып гелмек
Américain американы
Amérique Америка
ami дос ; ёлдаш ; къурдаш
amibe амёба
amitié дослукъ
amour сююв
amoureux гьашыкъ
ampoule ампула.
(électrique) лампочка
amusant кюлкюлю
amuser кюлетмек
analyse анализ
ancêtre ата-бабалар
ancien эсги
anéantir ёкъ этмек
ange перишде
anglais англиялы
Anglais англичан
Angleterre Англия
animal гьайван
année йыл
anniversaire тувгъан гюн
annonce хабар ; объявление
annuel йыллыкъ
annuler ёкъ этмек
août август
appartement квартира
appeler чакъырмакъ
s'appeler ат къоймакъ
appétit иштагь
apporter алып гелмек
apprendre охумакъ

arbre агъач ; терек
arc-en-ciel солтанжоя
architecture архитектура
archives архив
argent (métal) гюмюш.
(monnaie) пул; акъча
arme савут
armée армия
Arménie Армения
Arménien эрмени
armoire шкаф
arrêter (une voiture) токътатмакъ.
arrière арт
en arrière артында
arriver гелмек
art гьюнер
artisan гьюнерли
artisanat гьюнерлилик
artiste артист; артистка
ascenseur лифт
asseoir олтуртмакъ
s'asseoir олтурмакъ
assiette тарелка; налбеки ; бошгъап
association ассоциация
aujourd'hui бугюн
aussi гьам
aussitôt тез
auteur автор
autobus автобус
automne гюз
automobile автомобиль
autre башгъа
Autrichien австриялы
avantage пайда
avantageux пайдалы
avec булан

avenir гележек
avenue проспект
aveugle сокъур
avion самолёт
avis ой; пикир
avoir бар
avoir soif сувсамакъ
avril апрель

B
bagage багаж; юк
baigner кириндирмек
se baigner киринмек
bague юзюк
baignoire ванна
balle топ
banal маънасыз
bande (troupe) банда
(pansement) бинт
banque банк
barbe сакъал
bas чорап
base асас
(site) baza
bateau геме; къайыкъ
bâtiment бина; имарат; уьй
battre урмакъ
beau / belle гёзел; кёрклю
beaucoup кёп
beau-père къайыната
beauté гёзеллик; кёрк
belge белгиялы
belle-mère къайын ана
bénéfice пайда
berger къойчу
béton бетон

beurre сари май
bibliothèque китапхана ; библиотека
bicyclette велосипед
bien яхшы
bientôt тез
bière пиво
bijou тагъымчакъ
billet бисквит
biscuit бисквит; енгил, татли печенье
blanc/blanche акъ
blé будай
blessé яралы
blesser яраламакъ
blessure яра
bleu гёк
boire ичмек
bois (matériau) агъач
(forêt) орман
boisson ички
boîte къутукъ
bon / bonne яхшы
bonheur талайлылыкъ
bonjour салам ; ваалейкум-салам
botte этик
boucherie эт тюкен
bouchon пробка
boue балчыкъ
bougie шам; чыракъ
bouteille шише
boutique тюкен
bouton (bourgeon) бюртюк
(d'un vêtement) пент
branche (d'un arbre) бутакъ
(division d'une science etc.) тармакъ
bras къол
brique керпич

brochet чортан
brochure брошюра; китапча
brouillard туман
brûler яндырылмакъ
se brûler янмакъ
brume къалын туман
budget бюджет
bureau (meuble) язывстол
(service administrative) бюро
bus avtobus
but (dans le sport) нишан
buveur ичкичи ; пьянисге; пьяница

C
cacher яшырмакъ
cachet (tampon) печать
(médicament) дарман
cadavre оьлю
cadet гиччи
café кофе; къагьва
(établissement où l'on sert des boissons) кафе
caisse къутукъ
(banque) касса
calculer санамакъ
calme тынч
camarade ёлдаш ; дос ; къурдаш
cambriolage уру
camion (automobile) юк ташыйгъан автомобиль
camp лагерь
campagne майдан
campagne électoralle кампания
canard оьрдек
capitale тахшагьар
carte (à jouer) карта
(géographique) география картасы
casser бузмакъ

cause себеп
ceinture белбав;
(pour les femmes) камал
célèbre атолу; данглы
cent юз
central центральный
centre центр
cerise жие
certificat сертификат
chaîne шынжыр
chaise шанжал
chambre хана
champion чемпион
change алмашдырыв
changement алмашыныв
changer алмашдырмакъ
chant йырлав
chanter йырламакъ
chapeau шляпа; къалпакъ
charbon кёмир
chaque гьар
chasse авчулукъ; ав
chasseur авчу
chaud исси
chauffeur шофер
chaussette чорап
chef ёлбашчы
chemin ёл
chemise гёйлек
chêne эмен
chercher излемек
cheval ат
cheveu чач
chèvre эчки
chez nous бизде
chien ит

chiffre сан
chômeur ишсиз
chinois китай
Chinois китайлы
chirurgien хирург
choisir тангламакъ
choix танглав
chose зат
chou капуста
chrétien христианин
ciel гёк
cigarette сигарет
ciment цемент
cimetière зийрет
cinq беш
cinquante элли
ciseaux къайчы
citron лимон
civil граждан
civilisation маданият
clair ярыкъ. (pur) таза
(intelligible) тюшюнерли
classe (bâtiment) класс
cochon чочкъа
cœur юрек
combat дав
combien къанча; нече
commencer башламакъ
commerçant савдюгер ; коммерсант
commerce савда
commun умуми
comprendre тюшюнмек
comptable бухгалтер
concert концерт
concurrence конкуренция
concurrent конкурент

condamner гьукму этмек
concours конкурс
condition талап; шарт
conduire гьайдамакъ
conduite юрюш
conférence конференция
confiance инанмалыкъ
confier инанмакъ
confiture мураба ; варенье
confort къолайлыкъ; комфорт
congé отпуск
congrès конгресс
connaisseur билимли
connaître билмек
concience эс ; ар-намус ; инсап
conscient эсли
conseil маслагьат
conseiller маслагьат бермек
(personne qui donne des conseils) маслагьатчы
conserve консерва
conserver сакъламакъ
considérable герекли
construction къурув
construire къурмакъ
consul консул
contact байлавлулукъ
continuer давам этмек
contraire къаршылыкълы
contrat контракт; шарт
contre къаршы
contrôle контроль
contrôleur контролёр
convaincre инандырмакъ
coopération кооперация ; бирге иш гёрюв
copie копия
coq кагъыз

couteau бичакъ
coûter багьаламакъ
coutume адат
couverture ювургъан; одеял
crayon карандаш
crème къаймакъ
crever (pneu) ярылмакъ
cri къычырыв
crier къычырмакъ
crime жинаят
criminel жинаятчы
crise кризис
croire (se fier) инанмакъ
(penser) ойламакъ
croissance оьсюв; артыв
cuillère къашыкъ
cuire аш этмек
cuisine ашхана

D

danger хатар; къоркъув
dangereux хатарлы; къоркъунчлу
danse бийив
danser бийимек
date гюн; число
débat тартыш
débattre тартышмакъ
début баш; башланыв.
au début башлап; башындан
décembre декабрь
décevoir алдамакъ
déchirer йыртмакъ
décider къарар этмек
décision къарар
décourager умут уьзмек
décroissance кемив

dedans ичине

au dedans; en dedans ичинде

défaut кемлик

défendre якъламакъ

défense якълав

définitif ахыргъы

dégoût жиргенюв

dehors артдан

déjà алла къачан

déjeuner *v* ашамакъ

déjeuner тюш аш

délégation делегация

délicat назик

demain тангала

demande сорав; тилек

demi ярым

dent тиш

départ гетив

dépasser озмакъ

depense сарп

dernier ахыргъы

désagréable ягъымсыз

désespoir умутсузлукъ

détail бёлюк

déterminer белгилемек

dette несия

deux эки

devancer оьсмек

devant ягъында

développement оьсюв

deviner ойлап тапмакъ

diable шайтан

dialogue диалог

diamant алмас

dicter айтдарып яздырмакъ

Dieu Аллагь ; Тенгири; Яратгъан

diffamation яманлав
différent тюрлю
difficile къыйын
difficulté къыйынлыкъ
dire сёйлемек
directeur директор
direction ёл
dirigeant ёлбашчы
discret эдепли
discussion дискуссия; тартыш
disparaître ёкъ болмакъ
dispute тартыш
disque пластинка
disquette (informatique) дискета
distance аралыкъ; узакълыкъ
distribution бёлюв
divers тюрлю
diviser айырмакъ
division айырыв
divorce талакъ
dix он
doigt бармакъ
dominer гьукму сюрмек
donc шолай буса
donner бермек
doré алтынлы
dormir юхламакъ
dos аркъа
double эки; къош
doucement аста
douche душ
douleur дерт; аврув
doute инамсызлыкъ; гюман
doux йымышакъ; ягъымлы
drap простыня
drapeau байракъ

droite онг
    à droite онг якъгъа
drôle ажайып
dur къатты
dureté къаттылакъ

E

eau сув
eau-de-vie водка
échange алмашдырыв
échaffer иситмек
échecs шахмат
éclairage ярыкъландырыв
école мактап; школа
économie экономика
économiser сакъламакъ; эконом этмек
écouter эшитмек
écrire язмакъ
écriture язылыш
écrivain язывчу
édition басмахана; издательство
éducation тарбиялав
égal тенг
égalité тенглик
église церковь; килиса
élection сайлав
électricité электрик
élégant назик; кёрклю
élève охувчу
élever тарбияламакъ
élire сайламакъ
elle ол (о)
éloigner узакъланмакъ
embrasser къучакъламакъ
émigrant эмигрант
emplir толтурмакъ

employer пайдаланмакъ
empoisonner от бермек
emporter алып гетмек
emprunt заём
encore къайта
encourager ругьландырмакъ
énergie энергия; гюч; къайрат
énervé ачувлу
enfant бала
enfer жагьаннем
engourdir (s') къатмакъ
ennemi душман
ensemble бирге
entendre эшитмек
entourage орта ; дёгерек
entreprise кархана
entrer гирмек
enveloppe конверт
envie гюнчюлюк
épée къылыч
épingle тийревючı
époux эр; гиев
équipe команда; бригада
erreur янгылыш
espion шпион
espoir умут
esprit ругь
essai эссе; очерк
essence маъна
(liquide pétrolier) бензин
étage къабат; этаж
Etat мамлакат
été яй
étoile юлдуз
étroit тар
étudiant студент

européen европалы
évêque епископ
évolution эволюция; оьсдюрюв
exact англашывлу; туврa
excuse багъышлав
    excusez-moi багъышлагъыз
exemple мисал
expert эсперт
explication тюшюндюрюв
exploser ярылмакъ
explosion ярылыв
exposition выставка
extravagant экстравагант; оьзге; айрыча
extraordinaire айрыча
exrême ахыргъы
extrémiste экстремист

F
face юз; бет; чырай
fâcher (se) ачувланмакъ
facile енгил
facilement енгил
faculté факультет
faible гючсиз
faim ют
faire этмек
falloir герек
    il faut герек
fatigue къавшалыв
fatiguer (se) къавшалмакъ
faute хата
femme тиштайпа
fenêtre терезе
fer темир
fer à repasser утюг; итик
fermer япмакъ

fête байрам
feu от
feuille (d'arbre) япыракъ;
(de papier) кагъыз япыракъ
février февраль
fier оьктем
fierté оьктемлик
fièvre иссилик
fil (à coudre) йип
fille къыз
film фильм;
(documentaire) документаль фильм
fils улан
fin тамам
final финал
finances финанс
financement финансирование
financer финансировать; акъча бермек
finir тамамламакъ
fleur гюл
fleuve дарья; оьзен
foie бавур
follie жинлилик
folklore фолклёр
fontaine фонтан; булакъ
football футбол
force гюч
forces armées савут гючлер
former къурмакъ
formidable ажайып
fort гючлю
fortune байлыкъ; насип
fosse чен; ор
fou жинли
foule жыйын; топар
fourchette вилка; чиш

fraise клубника
frais таза
    poisson frais таза балыкъ
l'eau fraîche таза сув
français (langue) француз тил
France Франция
franchenent ачыкъ; ачыкъдан ачыкъ
franchir гесип оьтмек
frère агъа
    frère aîné агьа
    frère cadet ини
froid сувукъ
    il fait froid сувукъ
fromage бишлакъ
front мангалай
frontière дазу
fruit емиш
fumée тютюн
fumer чекмек
    interdit de fumer тамакю чекмек къадагъа этилген
futur гележек
G
gai шатлы;къуванчлы
galette чёрек; чапелек
gant перчатка
garage гараж
garantie гарантия
garçon bala
    (serveur dans un restaurant) официант
garder сакъламакъ
gardien сакълавчу
gare вокзал
gâteau пирог; чуду
gaz газ
geler бузламакъ
    il gèle сувукъ

gêner (se) тартынмакъ
général генерал
génie гений
genou тобукъ
genre тухум
genre humain адам тухуми
gens адамлар
gentil ягъымлы
glace буз
glace au chocolat шоколадлы марожна
(miroir) гюзгю
gorge тамакъ
goût маза
gouvernement гьукумат
grain урлукъ
graisse май
grammaire грамматика
grand уллу
grandir оьсмек
grand-mère уллу ана
grand-père уллу ата
gratuit тегин
grave серьёзный; герек
grenier амбар
grenade (arme) граната
(fruit) гранат
grève забастовка
gréviste забастовкачи
grippe грипп; тумав
gris кюлсыпат
gros семиз
groupe группа; топар
guérir эм этмек
guerre дав
guide (livre) гид
guider гёрсетмек; билдирмек

gymnastique гимнастика
gynécologie гинекология

H
habiller (s') гиймек; гийинмек
habitant гражданин; гражданка
habiter турмакъ
habitude адат
habituer (s') адатланмакъ
hache балта
haine оьжетлик
haïr оьжетленмек
haleine напас
haricot къудору
harmoniser ярашдырмакъ
hasard бирден
hâter де болмакъ
haut уллу ; узун ; бийик
hauteur уллулукъ ; бийиклик
hebdomadaire журнал
hégémonie гегемония
hélas ! ай!
herbe от; халта
héritage мюлк
héros къагруман; игит; пегьливан
heure сагьат
heureux сыралы; насипли
hier гече
hirondelle къарлыгъач
histoire тарих
historique тарих
hiver къыш
hommage гюрмет
homme эркек; эр адам
honneur сыйлылыкъ; гюрмет
honte уят; намуссузлукъ; иза

hôpital больница; азархана
horaire расписание
horloge там сагьат
horizon горизонт
horreur къоркъунчлулукъ
hospitalité къонакъчылыкъ
hôte къонакъ
hôtel къонакъхана; гостиница
huile оьсюмлик май
humain инсанлыкъ
humanité инсаният
humour юмор
hypocrisie экиюзлюлюк
hypothèse гипотеза

I
ici бу якъда; мунда
icône икона
idée пикир; ой; идея
idéologie идеология
ignorance хабарсызлыкъ
ignorer билмемек
il о (ол)
île атав
ils олар
illégal законсуз
illuminer ярыкъланмакъ
illusion иллюзия
illustre уллу; данглы
image сурат
imagination хыял
imaginer хыял этмек; хыялланмакъ
imitation ошатыв
imiter ошатмакъ
immédiat тез
immense кенг

immigrant иммигрант
immobile гьаракатсыз
immeuble бина; уьй; имарат
imperméable плащ
impatience чыдамсызлыкъ
impoli эдепсиз
importance гереклилик
important герекли
importation импорт
impôt налог
imprimerie типография
imprimer басмакъ
inacceptable ярахсыз
inachevé битмеген
inadapté адаптация этилмеген

inauguration аачыв
incendie от
indépendance эркинлик **inconnu** таныш эмес
indépendant эркин
indigner ачувланмакъ
indirect башгъа
indispensable герекли
industrie индустрия
industriel индустриялы
infection инфекция
infirmier / infirmière санитар; медсестра
inflation инфляция
information хабар ; информация; маълумат
informatique информатика
initiatuve инициатива
injure хорлав
innocent айыпсыз
inspecteur инспектор
inspection инспекция
instant тез; гёз юмуп, гёз ачгъынча

institut институт
intelligence акъыл; ой; эс
intelligent эсли; ойлу; гьакъыллы
interdiction къадагъа
interdit къадагъа этилген
intéressant къужурлу
interprète тилмач
intrigue макюр
invasion басгъынлыкъ; басгъын
inventaire инвентарь
invitation приглашение; чакъырыв
ironie ирония ; мысгъыл
irrigation ирригация; сугъарыв
italien италиялы
Italien италиян
itinéraire маршрут
ivrogne пьснисге; пьяница

J

jamais гьеч бир заманда да
jambe аякъ
jambon ветчина
janvier январь
japonais япониялы
jardin бав
jaune сари
je мен
jeune яш
jeter ташламакъ
jeu оюн
jeudi хамюсгюн
jeunesse яшлыкъ
joie шатлыкъ; къуванч
joli гёзелı
joue чеке
jouer ойнамакъ

joujou оюнчакъ
jouir пайдаланмакъ
jour гюн
journal газета
journaliste журналист
journée гюн
joyeux къуванчлы; шат
juge судья
jugement ой; пикир
Juif жугьут
juillet июль
juin июнь
jupe юбка
jurer ант этмек
jus шербет; сок.
    jus d'orange апельсин шербети; соки
juste адил; тувра; дурус
justice адиллик; дуруслукъ

K
kazakh къазакъ
képi кепка; шапка
khan (historique) хан
kilo(gramme) килограмм
kilomètre километр
kjosque киоск
kirghiz къыргъыз
kolkhoze колхоз

L

lac кёл

lacet бав

laid эрши

laine юн

laisser ташламакъ

laisser-passer пропуск

lait сют

lampe чыракъ; лампа

langage тил; сёз

langue тил

lapin къоян

large генг

larme гёзьяш

lauréat лауреат

lavabo умывальник

laver жувундурмакъ; жувмакъ

laver (se) жувунмакъ

leçon дарс

lecture охув

léger енгил

légitime законлу

lendemain тангала

lent аста ; сейир

lentement аста; сейир

lettre кагъыз

lèvre эрин

libération азат болмакъ

liberté азатлыкъ

librairie китап тюкен

libre эркин; азат

lien байланыв

lieu орун

ligne сызыкъ

limite лимит; лимитный

linge ичги гийим

lion арсланкъаплан
lire охумакъ
lit кровать
littérature адабият
livre китап
logement квартира
loi закон; къанун
loin узакъ; алыс
long узун
loup бёрю
lumière нюр
lune ай
lunettes гёзелдирик
lycée лицей
lyrique лирикалы
comédie lyrique лирикалы комедия

M

madame мадам
magasin магазин ; тюкен
magnifique гёззел ; ажайып
mai май
maigre араыкъ
main къол
maintenant энди
maintenir къорумакъ; сакъламакъ
maire мэр
mais амма; тек
maison уьй; бина
majorité кёплик
mal дерт; къайгъы; азап
malade аврувлу
maladie аврув
malheur къаза
manière адат; къылыкъ
manque кемлик

manteau пальто
marbre мармар
marchandise зат; товар
marché базар
marcher юримек ; бармакъ
mardi талатгюн
mari зр; гиев
mariage той
marque белги
mars март
matelas кёрпе; матрас ; ювургъан
matin эртен
mauvais яман
mécanicien механик
médecin врач
médicament дарман
melon къавун ; пастан
mémoire эс
menace къоркъунув
mensonge ялгъан
menteur ялгъанчыı
mépris яман гёрмек
mer денгиз
merci сав бол
mercredi арбагюн
mère ана; мама
message хат ; кагъыз
merveilleux ажайып
mesurer оьлчемек
métal металл
méthode метод
métier касбу
meuble мебель
meurtre оьлтюрювчю
microbe микроб
microphone микрофон

midi гюн орта
miel бал
mieux яхшыракъ
milieu орта
militaire асгер
mille минг
mince назик; юкъкъа
ministère министерлик
ministre министр
minorité азлыкъ
minuit гече орта
minute минут
miracle карамат
miroir гюзгю
misère ярлылыкъ
mitrailleuse пулемёт
mixte аралаш
mode мода
modèle модель; оьрнек
mois ай
moitié ярым
monastère монастырь
monde дюнья; алам
montagne тав
montre сагьат
monter гётерилмек
montrer гёрсетмек
mort оьлюм
mosquée межит
mot сёз
moulin тирмен
moustique жибин
mouton мал ; къой
municipalité муниципалитет
mur там
musée музей

musique музыка
musulman мусульман
mystère сыр
mystérieux сырлы

N
nager киринмек
naissance тувулув
nation миллет
national милли
nationalisme миллетчилик
nationalité миллет
nature табиат
navigation гемечилик; навигация
nécessaire герек
nécessité гереклилик
négociation сёйлешив
neige къар
nerf нерф
nettoyer тазаламакъ
neuf *adj.* янгы
neuf(nombre) тогъуз
Noël рождество
noir къара
nom ат
nombre санав
nombreux кёп
nommer ат къоймакъ
non ёкъ
nord шимал
normal нормалы
norme норма
note гёрсетив ; багъа
noter гёрсетмек
notion билим
nourriture аш

nous биз
nouveauté янгылыкъ
nouvelle янгы хабар
novembre ноябрь
nuance нюанс; парх
nuage булут
nuire зараллaндырмакъ
nuisible зараллы
nuit тун
numéro номер

O
obéir бойсынмакъ
objet предмет
obscurité зулмат
occasion себеп
occasionner себеп болмакъ
ordre буйрукъ
ordonner буюрмакъ
orient шаркъ
onde агъав
orphelin оькcюз
oeillette пайпелек
ordonnance рецепт
occupé елев
occuper елемек
océan океан
octobre октябрь
œil гёз
œuf йымырткъа
œuvre асар
officiel официальный
offre савгъат
oignon согъан
oiseau къуш
ombre гёлентги

omelette къуймакъ
ongle тырнакъ
onze он бир
opération операция
opinion ой
opposition оппозиция
or (métal) алтын
orange апельсин ; наринжи
orage кёк кёкюрев
orateur оратор
ordinateur компьютер
ordre тартип, ёрукъ
ordure кир
oreille къулакъ
oreiller назбериш, ястыкъ
organisation организация
orge ныха
original оригинал
orthographe орфография
où къайда
oublier унутмакъ
Ouest гюнбатыш
ours аюв
ouvert ачыкъ
ouverture ачыв
ouvrier ишчи
ouvrir ачмакъ
oxygène кислород

P

page япыракъ
paie иш гьакъ
pain аш
paisible тынч
pantalon шалбар
papa папа ; ата

papier кагъыз

papiers документ

papillon гёбелек

paquet пакет

parade парад

paraître гёрюнмек

parapluie зонт; зонтик

parc парк

parce que шону учун

pardon гечив

pareil ошашлы

parents агъа-инилик

parfum духи

pari пари

parler демек; сёйлемек

parlement парламент

parole сёз

parti партия

participation къатнашдырыв

participer къатнашмакъ

particulier айрыча

partir гетмек

passeport паспорт

passer оьтмек

pastèque харбуз

pâté хамур

patience сабур; чыдам

patrie ватан

patte аякъ

pauvre мискин, пакъыр

pays эл; уьлке; мамлакат

paysage пейзаж

peau тери

pêche балыкъчылыкъ

pêcheur балыкъчы

peine (punition) жаза

(inquétude; souci) къыйынлыкъ
pénible къйын; авур
pensée ой
penser ойламакъ
pension пенсия
père ата; папа
période девюр
perle инжи
permettre изну бермек
permis изну кагъыз; пропуск
permission изну
personne адам
perspective перспектива
petit гиччи
pétrole нефть
peu кем; аз
peuple халкъ
peur къоркъув
pharmacie аптек
photographie фотография; суратхана
photocopie ксерокопия
piano пианино
pied аякъ
à pied яяв
pierre таш
piler эзмек
pipe трубка
piqûre укол
piscine гьавуз; бассейн
place орун
plage пляж
plaire яхшы гёринмек
plaisir леззет
plan план
planification плпнлашдырыв
planifier планлашдырмакъ

plante оьсюмлюк
plat аш
plein толу
pleurer йыламакъ
pluie янгур
plusieurs кёп
poche кисе
poème поэма
poésie поэзия
poète шаир
poing юмурукъ
point пункт
poisson чабакъ
police полиция
policier полиция
politique *adj.*политика
politique *n.* политика
pomme алма
porc чочкъа
premier биринчи
prénom ат
prière (religion) дуа
тилек
progrès прогресс
propagande пропаганда; агитация

Q
quai перрон
qualifié квалифицированный
quartier квартал
question сорав
questionnaire анкета
quorum кворум
quotidien *adj.* адатлы
quotidien *n.m.* газета
quotient électoral депутат сайлав учун герек тавушлар

R

raconter сёйлемек

radio радио

radiographie рентгенография

raidissement гескинлик

raisin юзюм

raison гьакъыл

raisonnable гьакъыллы

rapide тез

rappeler чакъырмакъ

rare сийрек

rasoir бритва

rassembler бирлешдирмек

ratification рацификация

rayon нюр

réaction реакция

réalisation реализация

recensement халкъны гьисапгъа алмакъ

réception къаршылав

recherche илмулу иш

récompense награда

reconnaitre танымакъ

reconstruction реконструкция

reconstruire къайта къурмакъ

réduction къысгъартыв

réel гьакъыкъат; реал

réfrigérateur холодильник

refroidir сувумакъ

refuser баш тартмакъ

regarder бакъмакъ; къарамакъ

région район; уьлке; эл

régression регресс

régularité регулярность

rein бюйрек

rejoindre бирикдирмек

relation байлавлулукъ

religion дин
remarquable ажайып
remarque белги
remplir толтурмакъ
renaissance ренессанс
renard тюлкю
rencontre рас
rencontrer расланмакъ
renseignement маълумат
rentrer къайтмакъ
repas аш
repasser оьтмек
répétition репетиция
répondre жавап бермек
réponse жавап
repos яллыкъ
représentant вакил
république республика
réserver сакъламакъ
résistance къаршылыкъ
respect гюрмет
responsable жаваплы
ressemblance ошашлыкъ
restaurant ресторан
rester къалмакъ
retard гечигив
    être en retard гечикмек
retour къайтыв
retraite пенсия
retraité пенсионер
réunion жыйын
rêve хыял
rêver хыялланмакъ

réveiller тургъузмакъ
revoir (au) сав бол
révolution революция, инкъылап
rhume тумав
riche бай; девлетли
richesse байлыкъ ; девлет
rideau перде
rien гьеч зат
rire кюлемек
risque хатар
rivière дарья
riz дюгюı
robe гёлек
rocher яр
rôle роль
rond дёгерек
rose (fleur) гюл
(couleur) qкъызгъылт тюс
rouge къызыл
route ёл
rue тыгъырыкъ, орам
ruse макюр
Russe рус
Russie Россия

S

sable хум
sabre къылыч
sac сумка; янчыкъ
sacrifice къурбан; къурбанлыкъ
saison сезон
salade салат
salaire алапа
sale кир
salé тузлуı
salle зал

salutation къутлав
sang къан
santé савлукъ; саламатлыкъ
satan шайтан
satellite спутник
sauce соус
saucisse сосиска
sauf башгъа; озьге
sauver къутгъармакъ
sauvetage къутгъарыв
savant илмулу
savoir билмек
savon сапун
scandale жанжал
sceau печать
scène сагьна
science илму
scientifique илмулу
scrutin сайлавг
séance жыйын
sec къуру
second (deuxième) экинчи
seconde (temps) секунда
secondaire экинчи даражалы
secrétaire секретарь
secours ярдым
sein кёкюрюк
seize он алты
sel туз
semaine жума
semblable ошашлыкъ
senat сенат
sensation сенсация
sensible сезивлю
sentiment сезив
séparation айрылыкъ

sept етти
septembre сентябрь
série серия
serment ант
serpent йылан
seuil посагъа
sexe секс
si *conj* . эгер
adv. (tant) шончакъы
siècle девюр
signature подпись
signe ишара
signer къол салмакъ
silence тыныв
silencieux сессиз
situation ситуация
six алты
ski лыжи
social сщцияльный
socialisme социялизм
société жамият
soie йибек
soif сувсамакъ
soir ахшам
soixante алтмыш
sol ер; топуракъ
soldat асгер
solide къатты
sombre къарангы
sortie чыгъыв
sortir чыкъмакъ
souffrir азапланмакъ
souhait тилек
souhaiter тилемек
soupçon шек
soupe шорпа

source булакъ
sourd сангырав
sourire кюлкю, кюлемсирев
souris чычкъан
souvenir (se) эсге алмакъ
souvent тез-тез
spécial айрыча
spectacle спектакль
sport спорт
stable стабильный
stade стадион
stylo ручка
structure структура
sucre (poudre) шекер
sucré шекерли
sud къыбла
sujet сюжет
surcroît оьсдюрюв
surveillant сакълавчу
surveiller сакъламакъ
symbole символ
sympathie симпатия
sympathique ягъымлы
système система ; ёрукъ

T

tabac тамакю
table стол
tablier фартук
tabou къадагъа, табу
tache ёлакъ, темгил
tâche дарс
tacher ёлакъламакъ
tâcher тюшюнмек
taciturne сессиз

tact эдеп; икрам.

avoir du tact эдебин сакъламакъ

Tadjik таджик

tailler гесмек, бичмек

talent талант,пагьму

tambour накъыра

battre du tambour накъыра къакъмакъ

tamis элек

tamiser элемек

tant шонча; шончакъы

tant soit peu кёп аз

tante хала

tantôt тез

taper урмакъ

tapis хали

tard геч

il est tard геч заман

tarder гечикмек

tardif гечиккен

tasse чашка

tater сыйпамакъ

taupe лобан

taux такса; багьа

taxe такса; налог

taxer багьа бермек

taxi такси

Tchèque чех

tchèque (langue) чех тил

technicien техник

technique техника

technologie технология

teindre боямакъ

teint бояв; ренк

teinte ренк

teinture бояв; ренк

teinturerie химчистка

tel шулай
télégramme телеграмма
télégraphe телеграф
télégraphier телеграмма бермек
téléphone телефон
téléphoner телефон урмакъ
téléviseur телевизор
télévision телевидение
tempe чеке
température температура
tempéré орта
tempête боран
temps (durée) чакъ
il n'y a pas de temps чакъ ёкъ
à temps чагъында
de temps en temps чакъ-чакъда
(climat) **il fait beau temps** чакъ яхшы
il fait mauvais temps чакъ бузукъ
tendance тенденция
tendre *adj.* назик; ягъымлы
tendresse ягъымлылыкъ
tenèbres къарангы, зулмат
tenir тутмакъ
tenter урунмакъ
terre ер
terreur террор
territoire территория
tête баш
texte текст
textile текстиль
thé чай
théatre театр
ticket билет
timbre марка
toast тост
tolérance сабурлукъ; чыдамлылыкъ

tombe кёр
tomber йыгъылмакъ
tôt эрте
toujours даим
tour *n.f.*минара
tourisme туризм
touriste турист
tourner бурмакъ
toux ётел
traducteur тилмач
tradition традиция
trahison хыянат
train поезд
traitement эм
tranquille тынч
transport транспорт
travail иш
travailler ишлемек
traverser оьтмек
treize он уьч
tremblement de terre ер тербенив
trente отуз
tribunal суд
triste дертли
trois уьч
trou тешик
trouver тапмакъ
tu сен
tube труба
tuer олтирмек
tunnel туннель
Turc тюрк
Turquie Турция

U

ultimatum ультиматум
un бир
unanime бир авуздан
unification бирлешдирив
union бирлешив; союз
unique янгыз
uniquement янгыз
unir бирикдирмек
s'unir бирикмек
univers алам; дюнья
université университет
urbain шагьарлы
urgent тез
urine сийдик
urne урна къутугъу
usage адат
usine завод
utile пайдалы
utiliser пайдаланмакъ
utopie утопия ; хыял

V

vacances каникул
vache сыйыр
vague толкъун
vaincre енгмек
vain пайдасыз
    de vains efforts пайдасыз аваралар
vaisseau геме
valise чемодан
vaste генг
vénérer сыйламакъб абурламакъ
vélo велосипед
vendeur сатывчу

vendre сатмакъ

vendre à bon marché учуз сатмакъ

vendredi жумагюн

venir гелмек

vent ел

vente сатыв

ventre къурсакъ

ver хурт

vers.*m.*шиъуру

vers *prép.* якъгъа

veritable гьакъыкъатлыкъ

vérité гьакъ ; гьакъыкъат

verre стакан

verrou илгич

vert гёк ; яшыл

vertu рагьмулу

veste куртка

vêtement гийим ; опуракъ

vêtu гийинген

vice кемчилик ; айып

victime къурбан

victoire енгив

vide бош; къуру

vider бошатмакъ

vie ьмюр

vieil къарт

vieillard къарт

vieillesse къартлыкъ

vif ; vive жанлы

vigne юзюм бав

village авул

ville шагьар

vin вино

vingt йигирма

violon скрипка

visage юз; сыпат ; чырай

visite визит
visiter бармакъ
vite тез; чалт
vitesse тезлик
vitre шиша
vivre *v.* яшамакъ
vocabulaire сёзлюк
voie ёл
voisin хоншу
voiture машин
voix сес; тавуш
vol (avion) учув
vol (larcin) урлав; уручулукъ
voler (en avion) учмакъ
voler (dérober) урламакъ
volontaire ихтиярлы
volonté эрк; эркин; эркинлик
volontiers жаны-гёнгю булан
volume том
vouloir тилемек
vous сиз
voyage сиягьат
voyager сиягьат этмек

W
wagon вагон
water-closet гьажатхана
week-end уикенд

Y
yack як
yacht яхта
Yankee янки; американы
yeux гёз
yoga йога
yoghourt ювурт

yourte юрта
ypérite иприт

Z

zèbre зебра
zéro ноль
zigzag зигзаг
zinc цынк
zone зона
zoo зоопарк
zoologie зоология

Lexique koumyk - français

А

абонемент abonnement *m.*

абстракт abstrait

абзац alinéa m.

абажур abat-jour *m*

абат pas *m*

абат алмакъ marcher

абатынгны чалт ал marchez vite

абатын ойлашып алмакъ agir après mûre réflexion

абатланмакъ marcher

абдал stupide, balourd, niais

абдаллыкъ balourdise *f*, niaiserie *f*, stupidité *f*

абзар cour *f*

аборт fausse couche *f*, avortement *m*

абур respect *m*, estime *f*, honneurs *m.pl.*

абур этмек rendre hommage, traiter qqn. avec distinction

ав I. chasse *f* II. toile *f* d'araignée III. laize *f*

авадан grande majorité *f*

аваз son *m*, bruit *m*

авария avarie *f*

автобус bus *m.*

автомобиль voiture f.

автор auteur m.

авиация aviation f.

авлакъ champ m.

авлет génération f.

авлия sot m., imbécile m., bête f.

аврув maladie f.

авузлукъ I. arrosoir m. II. frein m., mors m.

авул I. rue f., quartier m. II. aul m., village m.

авур lourd

авчу chasseur m.

адам homme m.
адашмакъ errer; s'égarer; se perdre
администрация administration f.
адрес adresse f.
адвокат avocat m.
агент agent m.
агентлтк agence f.
аграр agraire
агрессия agression f.
агъа frère aîné m.
агъач arbre m.
агъым courant m.
агьлют I.famille f. II. habitant m. III. épouse f.
агьамият importance f.
агьамиятлы important
агьмакъ bête
агьмакълыкъ bêtise f.
адабият littérature
адат habitude f.; coutume m.
адатландырмакъ habituer
адатланмакъ s'habituer
адатлылыкъ d'ordinaire; habituellement
адатлы habituel
адиллик justice f.
адилсизлик injustice f.
ажайып il est étonnant
ажжал heure f. suprême; mort f.
ажиз faible
ажизлик faiblesse f.
азар tourment m.; douleur f.
азархана hôpital m.
азарламакъ éprouver une douleur; tourmenter; torturer
азат libre
    азат этмек libérer
азатлыкъ liberté f.
аз peu

азалгъы depuis longtemps
азиз chéri, cher
азизлемек chérir
азув тиш molaire f.
азыкъ nourriture f.
академик académicien m.
акцент accent m.
акция action f.
актуал actuel
актёр acteur m.
акула requin m.
ай I.lune f. II.mois m.
айбат beau, belle
айгьай bien sûr
айып faute f.; tort m.
айыплы coupable
айлана cercle m.
айланмакъ se transformer; se métamorphoser
айтмакъ dire
айтды-къойтду cancan m., potin m., commérage m.
акъ blanc
акъмакъ couler
акъсакъ boiteux
акътал peuplier m.
акътерек tremble m.
акъча argent m.
ахшам soir m.
ала I. rouge II. façade m.
алапа salaire m.
алаша I. bas m. II. cheval m.
алам monde m.
алиплер alphabet m.
альбом album m.
алдамакъ mentir
алдатывчу menteur m.
алдатывчулукъ mensonge m.

алдын devant
алфавит alphabet m.
алыс éloigné; lointain
алмакъ prendre
аллея allée f.
алма pomme f.
алмашдырмакъ changer
алтав les six
алтын or m.
ангина angine f.
архитектура architecture f.
аргумент argument m.
арслан lion m.
аркъан corde f.
артерия artère f.
артмакъ multiplier
артикуляция articulation f.
артист artiste m.
асгер soldat m.
ассалам-алейкум bonjour m.
аста lentement
амма mais
анализ analyse f.
анатомия anatomie f.
анархия anarchie f.
антенна antenne f.
ант serment m.
анг concience f.
апенди monsieur m.
апрель avril m.
аптек pharmacie f.
арбагюн mercredi
арз plainte f.
арза demande f.
арза бермек adresser une demande
атеизм athéisme m.

ат I. cheval m. II.nom m.
ата père m.
атир parfums m. pl.
ахыр fin
ачмакъ ouvrir
ачув fureur f.
аччы amer, âcre
ачыкъ ouvert
аш nourriture f., pain m.
ашхана cantine f.
ата-ана parents m.pl
аякъ pied m.
ашна ami m.
ачувлвнмакъ se fâcher; se mettre en colère

Б.
бабиш canard m.
бав I. jardin m. II. ceinturon m., courroie m.
бавур foie m.
бавчулукъ horticulture f.
бадам amandier m.; amande f.
багаж bagage m.
багъана poteau m. ; pilier m. ; borne f.
багъыйлылыкъ commodité f., confort m.
багъырчакъ cheville f., malléole f.
багъыр cuivre m.
багъышламакъ I. offrir II.consacrer III.excuser
багъ comment? est-ce que?
багьа I.prix m.II.note f.
багьана cause f., prétexte m.
бадиржан aubergine f.
бажа beau-frère m.
базар marché m.
база base m.
базмакъ oser, hasarder

базмакъ gros
базынмакъ I.se vanter II.espérer
бай richard
байлыкъ richesse f.
байракъ drapeau m.
байрам fête f.
бак réservoir m., bouilloire f.
бакъа grenouille f.
бакъмакъ I.regarder II.soigner III.traiter IV élever V nourrir
бала enfant m., f.
балагъ malheur m.
балики I.peut-être II. si
балта hache f.
балыкъ poisson m.
балыкъчы pêcheur m.
балыкъчылыкъ pêche f.
бал bal m.
балет ballet m.
balkon balcon m.
ballada ballade m.
банан banane f.
бандит bandit m.
банк banque m.
банкет banket m.
бармакъ aller
бармакъ doigt m.
баскетбол basket m.
басня fable m.
батыр héros m., courageux
баш tête f.
башламакъ commencer
башгъа autre m.
башгъача autrement
башланыв commencement m.
башчы chef m.
басмахана typographie f.

бассейн bassin m.
башданокъ du commencement
байрам fête f.
бары tout le monde; tous
беземек orner
белбав écharpe f.; ceinture f.
бел reins m. pl.
белги signe f.; marque f.
белгилемек marquer
белгиялы belge
бензин essence m.
бермек donner
беш cinq
бет visage m.
бетон béton m.
бетге-бет tête à tête
бетсиз peu sagace
билек coude m.
билет billet m.
билим connaissance m.
билимли instruit; cultivé
билимсиз peu instruit
билмек comprendre
бинт bande f.
бинтлемек bander (médical)
биография biographie f.
бирден tout à coup
бирге ensemble
биринчи premier
биз nous
блокнот bloc-note m.
бар il y a
боран tempête f.
баш tête
ботинка soulier m.
боямакъ colorer

бебей bébé m.
бёлмек diviser
бёлинмек se diviser
брошюра brochure f.
буфет bufet m.
букет bouquet m.
булакъ source f.
бульвар boulevard m.
булай tel ; pareil
бурмакъ tourner
буйрукъ этмек ordonner
буйрукъ ordre m.
буз glace f.
бузав veau m.
бузукъ gâté; abime
бюджет budjet m.

В

вазир ministre m.
вакъти temps *m.*
вакътилик provisoirement; temporairement
ватан patrie *f.*; pays natal
ватандаш compatriote *m.*
ваъда promesse *f.*
ваъда этмек convenir
вакил représentant *m.*; délégué *m.*
вагон wagon *m.*; voiture *f.*
ваза vase *m.*
валюта valeurs *f.pl.;* devises *f.pl.*
ванна bain *m.*
велосипед bicyclette *f.*
ваннахана salle *f.* de bain
взнос paiement *m.*; versement *m.*
вилка fourchette *f.*
вино vin *m.*
витамин vitamine *f.*

иокзал gare *f.*
врач médecin *m.*
вулкан volcan *m.*

Г
галантерия mercerie *f.*
галстук cravate *f.*
гараж garage *m.*
гарантия garantie *f.*
газ gaz *m.*
газет journal *m.*
гезик tour f., fois f.
гезмек se promener
гелгинчи étranger
гележек avenir m.
гелешмиш fiancé, fiancée
гелин belle-soeur f.
герб armoirie *f.*
гектар hectare *m.*
гёзел belle; jolie; beau; joli
гёзеллик beauté *f.*
гимн hymne *m.*
граждан citoyen *m.*
грипп grippe *f.*
группа groupe *m.*
гёбелек papillon ***m.***
гонорар honoraires *m.pl.*
гюз automne *m.*
гюл fleur *f.*
гюман soupçon *m.*
гюмез coupole *f.*; dôme *m.*
гюмюш argent *m.* (métal)
гелмек 1. venir; arriver; 2. peser
гелтирмек 1. apporter; 2. citer
геме vaisseau *m.*; navire *m.*
генгеш conférence *f.*; réunion *m.*; assamblée *f.*

генг large
генглешмек s'élargir; s'agrandir; s'augmenter
генглик largeur *f.*
герек 1. il faut; il est nécessaire de; 2.avoir besoin
гетмек s'en aller; se retirer; partir
геч 1.soir *m.*; soirée *f.;* 2. tard
гече 1. hier; 2.nuit *f.*
гечикмек être en retard
гечмек pardonner; excuser
геч заман le soir
гийик serf *m.*
гийиндирмек habiller; vêtir
гийим vêtements; habits
гийинмек s'habiller
гийирмек introduire; faire entrer; laisser entrer
гирив entrée *f.*
гирмек entrer
гиччи petit
гёбюк écume *f.*
гёз 1.œil *m.;* 2. vue *f.*
гёлек chemise *f.;* robe *f.*
гёк 1.bleu 2.vert; 2. verdure *f.*
гёклемек bleuir
гёк от verdure *f.*
гёлентги ombre *f.*
гёммек enterrement
гёнгюл âme *f.*; coeur *m.*
гёнгюллю volontaire; bénévole
гёнгюлсиз désagréable; déplaisant
гёрмек voir
гёрсетив indication *f.*
гёрсетмек montrer; indiquer
гётермек 1. augmenter; 2. monter
гёчирюв 1. recopier; 2. faire déménager
гёчивюл ambulant
гёчмек se déplacer; déménager

гиев gendre *m.*; beau-frère; fiancé
гюн 1. jour *m.*; journée *f.* 2. soleil *m.*
гюч force *f.*
гючленмек se renforcer; devenir plus fort; devenir plus violent
гючсюзлюк faiblesse *f.*
гючсюзленмек devenir faible

ГЬ
гьабижай maïs m.
гьайван animal *m.*; bête *f.*
гьайванчылыкъ faune *f.*
гьава air *m.*
гьавуз étang *m.*
гьазир prêt
гьазирлемек préparer
гьакъыкъат vérité *f.*
гьар chaque
гьаракат mouvement *m.*
гьавас désir *m.*; envie *f*
гьали maintenant
гьасил résultat m.
гькумат gouvernement m.
гьурият liberté f.
гьыз ligne f.
гьызмакъ dessiner
гьис sentiment m.
гьикмат sagesse f.
гьисаплпмакъ compter
гьукму ordre *m.*; décision *f.*; décret *m.*
гьеч ni; rien ; point ; nullement
гьужум attaque *f.*
гьюрмет respect *m.;* estime *f.*
гьюрметлемек respecter

Д
дав conflit *m*

давам durée f.; continuation f.; prolongation f.
давлу discutable
давчу prétendant *m.*; aspirant *m.*
дагъы encore
дагъытмакъ détruire
дазу frontière f.
даим toujours
далил argument *m.*; raison *f.*
далил гелтирмек témoigner
дама echecs *m. pl.*
дамагь appétit *m.*
дамгъа tâche f.
даража mesure *f.*; degré *m.*; niveau *m.*; grade *m.*
дарман médicament *m.*
дарс leçon *f.*
дарья rivière *f.*; fleuve *m.*
девюр période *f.*; époque *f.*
девлет richesse *f*
делегация délégation *f.*
демек dire
депутат député *m.*
диагноз diagnostic *m.*
диктант dictée *f.*
догъа couloir *m.*
дерт 1. maladie *f.* 2. chagrin *m.*; peine *f.*
дилбар charmante ; fascinante.
дос ami *m.*
дин religion *f.*
донгуз porc *m.*
доска tableau *m.*
дёгерек rond
душман ennemi *m.*
дюнья 1.univers *m.*; monde *m.* 2. richesse *f*
даниялы Danois, -e
данг gloire *f.*; popularité *f.*
дыр humeur *f.*

Е

Европа Europe *f.*
европалы européen, ne
ел 1. vent m. 2.rhumatisme m.
елбаш léger, imprudent
елемек occuper
елке nuque f.
елкен voile f.
емирмек détruire
емиш fruits pl. m.
енг manche f.
енгил léger
енгмек vaincre
ер 1. Terre f. 2.selle f.
ес maître m., propriétaire m.
есирлик captivité *f.*
есир captif
еслик propriété *f.*
етим orphelin *m.*
етмиш soixante-dix

Ё

ёймакъ 1. chasser 2. exterminer
ёклукъ absence *f.*
ёл route *f.*
ёлавчу voyageur *m.*
ёлавчулукъ voyage
ёлакъ tache *f.*
ёлбашчы chef *m.*
ёлдаш ami *m.*
ёмакъ conte *f.*
ёрукъ régime *f.*, système *f.*
ётел toux *f.*

J

жаза punition *f.*; châtiment *m.*; peine *f.*
жазаламакъ punir
жазаланмакъ infliger une punition
жакет jaquette *m.*
жан esprit *m.*; âme *f.*
жанланмакъ s'animer; se ranimer; guérir; être guéri
жанлы vif; animé
жансыз inanimé
жапа supplice *m.*; tourment *m.*; torture *f.*
жам total
жамият société *f.*
жанжал scandale *m.*
    жанжал этмек se quereller
жинаят crime *f.*
женнет paradis *m.*
жанывар être *m.*, bête *f.*
жибин mouche *f.*
жие cerise *f.*
журнал revue *f.* (publication)
жиргенмек avoir du dégoût pour
жут couple *f.*
жавап 1. réponse *f* 2. permission *f.*; autorisation *f.*; permis *m.*
жаваплы responsable
жаваплылыкъ responsabilité *f*
жувунмакъ se laver
жувмакъ laver
жугьут Juif
жума semaine f.
жумагюн vendredi
жыйым recueil m.
жыйын réunion *f.*
жюжек poulet m.
жюри jury m.

З

заан menthe f.

заввал usine f.

загьмат travail m.

забастовка grève *f.*

завод usine *f.*

заём emprunt *m.*

зайып faible

зайтун olive *f.*

заказ commande *f.*

заказ этмек commander, faire faire qch

закон loi *f.*

закуска collation *f.*, zakouski *m. pl.*, hors d'œuvre

закъум poison *f.*

залим 1. tyran *m.*2. très 3. grand

заман temps *m.*

занг bruit *m.*

записка billet *m.*, note *f.*, notice *f.*

зар chagrin *m.*, tristesse *f.*, affliction *f.*

зарал mal *m.*, tort *m.*, dommage *m.*, dégat ***m.***

зарланмакъ se lamenter, se plaindre

зарлылыкъ besoin *m.*, pauvreté *f.*

зая en vain, unutilement

зер or *m.*

зат chose *f.*

зал salle *f.*

зийрет cimetière *f.*

зина obscuriré *f.*, ténèbres *m. pl.*

зулмат joug *m.*, opression *f.*

зулмзулмуламакъ oppresser, accabler

зумрут émeraude *f.*

зурнай chalumeau *m.*

зуррият génération *f.*

зымых mirabelle *f.*

зоопарк zoo *m.*

И

ибадат office *m.* (divin)

иблис diable *m.*

игит héros *m.*

игитлик héroïsme *f.*

идара bureau *m.*, office *m.*, comptoir *m.*

иелмек pencher, incliner

излемек chercher

изну permission *f.*

ийирмек filer

ихтияр volonté *f*

ишара этмек gesticuler

инандырмакъ convaincre; persuader

инживлю capricieux; fantasque

инживлюлюк caprice *m.*

инжимек avoir des caprices; faire le difficile

иргъымакъ sauter; se jeter; se précipiter

исрап produgalité *f.*

исси chaud

иссилик chaleur *f.* 2. fièvre *f.*

иштан pantalon *m.*

идеал idéal *m.*

идеология idéologie *f.*

ижара louage *m.*; location *f.*

излемек chercher

ине aiguille *f.*

илаж possibilité *f.*

илагьи Dieu *m.*

илашгъа nouilles *f.pl.*

илгик crochet *m.*, agrafe *f.*

илгич porte-manteau *m.*, bride *f.*, chaînette *f.*

илгьам inspiration *f.*, verve *f.*

илиякълы gentil, aimable

илгик crochet *m.*; agrafe *f.*

илму 1. science *f.*; 2. connaissance *f.*; érudition *f.*

имарат édifice *f.*; immeuble *m.*

импорт importation
имтигьан examen *m.*; épreuve *f.*
инанмакъ croire
ини frère *m.* cadet
индусрия industrie *f.*
инженер ingénieur *m.*
инкар négation *f.*
инсан homme *m.*
инсанлыкъ humanité *f.*
инсап justice *f.*
инспектор inspecteur *m.*
институт institut *m.*
иш 1. travail *m.*; besogne *f.*; service *m. 2.* odeur *f.*
искусство art *m.*
ишлемек travailler
ислам islam.

Й
йибек soie *f.*
йибермек envoyer
йигирма vingt
йимек pencher
йимик comme
йип fil *m.*
йод iode
йыгылмакъ tomber
йыл année *f.*, an *m.*
йыламакъ pleurer
йылан serpent *m.*
йыллыкъ anniversaire *m.*
йылы chaud
йылылыкъ chaleur *f.*
йымышакъ doux
йыр chanson *f.*
йыракъ loin
йыракъланмакъ s'éloigner

йырлав chant *m.*
йырламакъ chanter
йыргъыч sauvage
йыртмакъ déchirer
йыртылламакъ briller
йырчы chanteur
йырчы къыз chanteuse

К

кабель cable *m.*
кабинет cabinet *m.*
кадр 1. image *f.*; séquence *f.*; épisode *m.*
кадр 2. cadres (*m pl*); personnel *m.*
какао cacao *m.*
каникул vacances *f. .pl*
канал canal *m.*
канализация canalisation *f.*
кандидат candidat *m.;* licencié *m.*
карта carte *f.*
картон carton *m.*
картоп pomme *f.* de terre
кафе café *m.*
кафедра chaire *f.*
календарь calendrier *m.*
капитан capitaine *m.*
касса caisse *f.*;
 аманат касса caisse d'épargne
кассир caissier *m.*
кеп 1. état général; humeur *f.*; 2. jouissance *f.*; plaisir *m.*
камал ceinture *f.* de la femme
кериван caravane *f.;* convoi *m.*
касбу profession *f.*
каракат lit *m.*
кёк ciel m..
кем 1. peu; insuffisamment ; 2. sans; moins
кило kilo *m.*

ким qui
кино cinéma *m.*
киностудия studio *m.* de cinéma
кир grasse *f.*; sale
кислород oxygène *m.*
кислота acide *f.*
кисе poche *f*
кишен fers *m.p*
кишенлемек mettre aux fers
кит baleine *f.*
китап livre *m.*
китапхана lecteur *m.*
классмк classique *m.*
клуб cercle *m.*
космос cosmos *m.*
костюм costume *m.*; complet *m.*
кофе café *m.*
кресло fauteuil *m.*
кнопка punaise
колбаса saucisson *m.*
коллекция collection *f.*
комедия comédie *f.*
комиссия commission *f.*
компас boussole *f.*; compas *m.*
композитор compositeur *m.*
конверт enveloppe *f.*
конгресс congrès *m.*
конкурс concours *m.*
конспект resumé *m.*; exposé *m.*
конституция constitution *f.*
конференция conférence *f.*
конфет bonbon *m.*
кюл cendre *m.*
кюлкю 1.rire *m.;* 2. risée *f.*
кюлкюге къалмакъ être la risée
кюлкюлю drôle; comique

кюлетмек faire rire
кюлемек rire

Къ

къар neige *f.*
къара noir
къара-къалпакълы Karakalpak
къабул réception *f.*
къайгъы regret *m.*; chagrin *m.*
къайын ана belle-mère *f.*
къайын ата beau-père *m.*
къайсы quel; lequel
къайнамакъ bouillir
къайнатмакъ faire bouillir
къайчы ciseaux *m. pl.*
къайыкъ bateau *m.*; canot *m.*
къайта de nouveau
къала forteresse f.
къалмакъ rester
къамуш jonc *m.*; roseau *m.*
къамучу fouet *m.*
къан sang *m.*
къанатландырмакъ se satisfaire; se contenter
къанат aile *f*
къандырмакъ satisfaire ; contenter
къап sac *m.*
къаравланмакъ devenir noir; noircir
къарамакъ regarder
къаргъа corbeau *m.*
къардаш parent; parente
къармакъ ligne *f.*
къаст intention f.
къазан chaudière *f.*
къашыкъ cuillère *f.*
къат 1.rang *m.*; rangée *f* 2.couche *f.* 3.étage *m.*
къатнашмакъ participer à ; prendre part à

къачан quand
къавун melon *m.*
къагъруман héros *m.*
къалам crayon *m.*
къозгъавул insurrection *f.*; révolte *f.*
къойчу berger *m.*
къол main *f.*
къолай commode; confortable
къол язма manuscrit *m.*
къорумакъ défendre
къоркъунчлу terrible; effrayant; épouvantable
къоркъутмакъ faire peur
къоркъмакъ craindre; avoir peur
къыдырмакъ chercher
къыз fillette *f.*; jeune fille *f.*
къызармакъ rougir
къзыл rouge
къыйынлыкъ difficulté *f.*
къыймат valeur *f.*
къыйынсынмакъ souffrir de
къылыч sabre *m.*; épée *f.*
къыркъ quarante
къыркъмакъ couper; trancher
къысмакъ serrer
къысгъа court; bref
къысгъартыв abrégement *m.*
къычырмакъ crier
къыш hiver *m.*
къуймакъ omelette *f.*
къудрат puissant; fort
къурсакъ ventre *m.*
къул esclave *m. f.*
къулакъ oreille *f.*
къуралланмакъ s'armer
къуралсызланмакъ se désarmer
къургъакълыкъ sécheresse *f.*

къурмакъ bâtir

Л

лабар ancre *f.*
лаборатория laboratoire *f.*
лавулламакъ flamber, flamboyer
лагерь camp *m.*
лай limon m., vase *f.*
лакълакъ cigogne *f.*
лакъыр conversation *f.*
лакъырламакъ causer
лампа lampe *f.*
латин latin *m.*
леззет plaisir *m.*
леззет алмакъ jouir de qqch; se délecter de qqch
леззетли bon; appétissant
легенда légende *f.*
лауреат lauréat *m.*
лексика lexique *m.*
лекция conférence *f.*
лент ruban *m.*
летю filou *m.*
лидер leader *m.*
лимон citronnier *m.*
линейка règle *f.*
литература littérature *f.*
лобан rat *m.*
лом pince *f.*
лиризм lyrique
лифт ascenseur *m.*
логика logique *f.*
лозунг slogan *m.*

М

ма! prends!
магъабат grandeur

магьсулат 1. production 2. récolte
магьтал болмакъ s'étonner
мажар hongrois
маълумат information *f.*
маза bon; savoureux
май mai
майбёз toile de coton, cotonnade *f.*
майчыракъ bougie *f.*
макъар bouleau *m.*
макъм mélodie *f.*
мажлис 1. réunion *f.* 2. soirée *f.*
маймакъ boiteux
майдан place *f.*
мавзолей mausolée *m.*
магазин magasin d'alimentation
магнит aimant *m.*
магнитофон magnétophone *m.*
майка maillot *m.*
маймун singe *m.*; gueunon *f.*
макъал*а* article *m.*
макътанмакъ se vanter
макътамакъ vanter
макътанчыкъ vantard *m.*, fanfaron *m.*
мамукъ coton *m.*
маркача crépuscule *m.*
мангалай front *m.*
маданиятлы culturel
маданият culture *f*
мамлакат pays *m.*
макюр ruse; astucieux; malicieux
марка timbre (poste)
март mars *m.*
маршрут itinénaire *m..*
маслагьат conseil *m.*
математика mathématiques *m.pl.*
мактап école *f.*

мен je; moi
менменлик infatuation, présomption
мердеш habitude f.
месеп conscience f.
металл métal *m.*
миллет nation *f.*
минара minaret *m.*; tour *f.*
мия araignée *f.*
мол abondant; copieux
морт fragile
мугъакам solide
музыка musique *f.*
мукъаддас sacré
мунафикъ hypocrite *m.*
мунафикълыкъ hypocrisie *f.*
мунг tristesse *f.*
мураба confiture *f.*
мурат désir *m.*, aspiration *f.*
муъжиза miracle *m.*
мыгъый milan *m.*
мыйыкъ moustache *f.*
мысгъыл humiliation *f.*, offense *f.*, moquerie *f.*
мысгъылламакъ railler
мых clou *m.*
мыхыт oeillet *m.*
мюгьлет délai *m.*
мюгьюр cachet *m.*, sceau *m.*
мюкюр reconnaissance *f.*
мююш angle *m.*

Н
наз caprice *m.*
назбериш oreiller *m.*
назму poésie *f.*
накъыра tambour *m.*
накъыш dessin *m.*, sculpture *f.*

нал fer *m*. à cheval
налат malédiction *f.*
налог impôt *m*.
насос pompe *f.*
намус honte *f.*
нана menthe *f.*
нар grenadier *m*.
наринжи orange
нарт héros *m*.
нарыста bébé *m*.
нас sale
насип 1. destin *m*. 2. chance *f.*, bonheur *m*.
наслу génération *f.*; race *f*
натижа résultat *m*.
нап petrol *m*.
не que? quoi?
негьакъ en vain
немкъорайлыкъ incurie *f.*
неге pourquoi
нефть pétrole *m*.
нечакъы combien
нече 1. combien 2. très 3. comme
никагь mariage m.
негет intention *f.*
нотариус notaire *m*.
нохут pois m.pl.
ноябрь novembre *m*.
нишан but *m*.
ныха avoine f.
нюр rayon *m*.
нукъсан défaut *m*

О

обзор revue *f.*
огород potager m.
озмакъ dépasser

озокъда bien sûr
ой pensée *f.*; réflexion *f.*; idée *f.*
ойламакъ penser
ойма creux
оймакъ dé *m.* à coudre
ойнамакъ danser
ойнав jeu *m.*
океан océan *m.*
окъ flèche *f.*
охумакъ étudier; lire
охувчу écolier *m.*
о il; elle
олар ils; elles
охутмакъ enseigner; instruire
охув lecture *f.*
онг droit; positif
олжа trophée *f.*
опера opéra *m.*
операция opération *f.*
опуракъ habit *m.*
оппозиция opposition *f.*
оразлы heureux, se
ормакъ moissonner
орган organe *m.*
орда horde *f.*
орден décoration *f.*
орнашмакъ se situer
орнатмакъ placer
орта milieu
орун place *f.*; lieu *m.*
офицер officier *m.*
официант garçon *m.* (au restaurant)
ошамакъ être pareil à
очакъ foyer *m.*
уянмакъ se réveiller
уяндырмакъ réveiller

очередь queue *f.*
очерк essai *m.*
оюн jeu *m.*

Оь
оьпмек caresser
оьгей ата beau-père
оьгей ана belle-mère
оьз moi-même; toi-même; lui-même; elle-même
оьзбек Ouzbek
оьзге étranger, autre
оьзен rivière *f.*
оьксюз orphelin *m.*
оьжетлик méchanceté *f.*, haine *f.*
оькюрмек hurler
оьктемлик fierté *f.*
оьктем fier
оьпкелемек reprocher
оьлмек mourir
оьлчемек mesurer
оьлчем dimension *f.*; grandeur *f.*
оьмюр vie *f.*
оьрдек canard *m*
оьрнек exemple *m.*; modèle *m.*
оьсюмлюк plante *f.*
оьсмек croître; pousser
оьрюм adolescent *m.*
оьсдюрмек 1. cultiver; 2.élever
оьрленмек ramper; grimper

П
пагьму capacité *f.*, talent *m.*
пайпелек pavot *m.*, oeillet *f.*
палам sureau *m.*
палан certain
пастан melon *m.*

пауза pause *f.*
павильон pavillon *m.*
пайда profit *m.*
пайдаланмакъ profiter
пайтон phaéton *m.*
пакет paquet *m.*
пакъыр pauvre
пегьливан atlète *m.*; sportif *m.*
пальто pardessus *m.*
папирос cigarette *m.*
парад parade *m.*
парк parc *m.*
парламент parlement *m.*
парта pupitre *m.*
пассажир voyageur *m.; passager* *m.*
пача roi m.
пачалыкъ Etat *m.*, règne *m.*
пашман triste
пашманлыкъ tristesse *f.*
пент bouton *m.*
печенье pâtisserie *f.*
печать sceau *m.*
пешкеш cadeau *m.*
пианино piano *m.*
пил éléphant *m.*
посагъа seuil *m.*
попугай perroquet *m.*
пурман permission *f.*
пурха plafond *m.*
пьяница ivrogne *m.*
пысмакъ se taire
поезд train *m.*
помидор tomate *f.*
посылка colis *m.* postal
постановка mise *f.* en scène
почта poste *f.*

почтальон facteur *m.*
поэзия poésie *f.*
поэма poème *m.*
предмет objet *m.*
президент président *m.*
принцип principe *m.*
проблема problème *m.*
программа programme *m.*
процес processus *m.*
пул argent *m.*; monnaie *m.*

Р

Рабби o mon Dieu!
радио radio *f.*
рази satisfait
разилик satisfaction *f.*
рази болмакъ être satisfait
рагьат calme
рам fenêtre *f.*
рас rencontre *m.*
расланмакъ se rencontrer
расписание horaire *m.*
ругьани écclésiastique *m.*
ренк couleur *f.*
ренкли de couleur; coloré
реакция réaction *f.*
реальный réel ; pratique
революция révolution *f.*
рецепт ordonnance *f.*
ревизор inspecteur *m.*
режиссёр metteur en scène; réalisateur
резерв réserve *f.*
резинка gomme *f.*
реклама réclame *f.*; publicité *f.*
республика république *f.*
реформа réforme *f.*

рагьмумулукъ charité *f.*
рагьмат merci
рагьму charité *f.*; miséricorde *f.*
роль rôle *m.*
роман roman *m.*
рагьат calme, tranquille, commode
рус Russe *m.;f.*
русча russe
ручка stylo *m.*
ругьландырмакъ enthousiasmer, exalter

С
сабан charrue *f.*
сабий bébé *m*, enfant *m. f.*
сав bonne santé
сав бол 1.merci 2.au revoir 3. cadeaux ou argent pour le mariage
савусгъан pie *f.*
сагъынмакъ s'ennuyer, chagriner, languir
сагъыш tristesse *f.*
сал radeau *m.*
самурсакъ ail *m.*
сангырав sourd
саният profession *f.*
сап manche *m.*, poignée *f.*
сарын chanson *f.*
сасыкъ гёзен putois *m.*
сатыр ligne *f.*
сагьат montre *f.*
себеп cause *f.*; raison *f.*
сабур patience *f.*
сабурсузлукъ impatience *f.*
савда commerce *m.*
савдюгерчи marchand *m.*
сайламакъ élire
сайлав élection *f.*

санамакъ compter
сандыкъ coffre *m.*; malle *f.*
сари jaune
сари май beurre *m.*
сарп этмек dépenser
сапар voyage *m.*
савлукъ santé *f.*
сагьна scène *f.*
сегиз huit
сезув sens *m.*; sensation *f.*
сезмек sentir; ressentir
сейир doucement
сейирленмек ralentir
сел averse *f.*; ondée *f.*
сибирмек balayer
сигьру enchantement *m.*, ensorcellement *m.*
сигьрулламакъ ensorceller, charmer
силегей salive *f.*
скатерть nappe *f.*
семиз gros
сен tu; toi
сентябрь septembre *m.*
сиягьат voyage *m.*
сиягьатчы voyageur *m.*
сиз vous
скамейка banc *m.*
сийрек rare; clair
сыр fromage *m.*
сорамакъ demander
спорт sport *m.*
стол table *f.*
сув eau *f.*
сурат dessin *m.*; image *m.*
сюргюн déportation *f.*; exil *m.*
сют lait *m.*
сыйыр vache *f.*

сыпат qualité *f.*
сыр secret *m.*
сынамакъ essayer; faire l'essai de
сююв amour *f.*
сююмли bien aimé
сююнмеклик se réjouir
сююнмеклик joie *f.*
сююнчю 1. cadeau *m.* 2. une nouvelle joyeuse

Т

тамакю tabac *m.*
таза propre; net
таш pierre *f.*
таракъ peigne *m.*
талап exigence *f.*; demande *f.*
там mur *f.*
тамакъ gorge *f.*
тамам fin *f.*
тамамламакъ finir; terminer
тамчы goutte *f.*
татли bon; savoureux
тавукъ poule *f.*
тав montagne *f.*; mont *m.*
танг aube *f.*; aurore *f.*
тарих histoire *f.*
татывлу 1. uni 2. délicieux 3.agréable
ташымакъ porter; transporter
табиат nature *f*
такрарламакъ répéter
тарбия éducation *f.*; formation *f.*
тарбияламакъ éduquer; élever
терезе 1. balance *f.* 2. fenêtre *f.*
теннис tennis *m.*
тегин gratuit
тергемек vérifier
тез vite

темирчи forgeron *m.*
терек arbre *m.*
тери peau *f.*
тешик trou *m.*
тил langue *f.*
тилек désir *m.*
тилмек couper
тири vivant
тиш dent *f.*
тынчлыкъ légèreté *f.*
тырнакъ ongle *m.*
товар marchandise *f.*
той noce *f*
толтурмакъ remplir
топуракъ poussière *f*
тувулмакъ naître
тувмакъ mettre au monde; accoucher
тюе chameau *m.*
тюйме bouton *m.*
тюлкю renard *m.*
тюшюнмек comprendre
тюшюндирмек expliquer
тютюн fumée *f.*

У

увакъ petit
увуч poignée *f.*, creux de la main
узакъ lointain; éloigné
узун long
узунлукъ longueur *f.*
укол injection *f.*
улан fils *m.*
уллу grand, célèbre
улумакъ hurler
умут espoir *m.*; espérance *f.*
умывальник lavabo *m.*

ун farine *f.*
уста maître *m.*, artisan *m.*
университет université *f.*
унутулмакъ tomber dans l'oubli
унутмакъ oublier
урламакъ voler
урлав vol *m.*
уручу voleur *m.*
усул manière *f.*; façon *f.*
уч fin *m.*, bout *m.*
учуз bon marché
учув vol *m.*; envolée *f.*
учмакъ voler; s'envoler
учун pour
учгъун étincelle *f.*
уя nid *m.*
уялмакъ se gêner ; avoir honte
уялтмакъ faire honte à qn
уянмакъ se réveiller
уятмакъ réveiller

Уь

уьзмек couper
уьй maison *f.*
уьйленмек se marier
уьйренмек apprendre, étudier
уьлгю exemple *m.*
уьлке pays *m.*
уьлкю buisson m.
уьркмек avoir peur
уьст і surface *f.*
уьстюн succès *m.*, réussite *f.*
уьч trois

уьшюмек avoir froid
уьягьлю famille *f.*

Ф
фабрик fabrique *f.*
факт fait *m.*
фактор facteur *m.*
факультет faculté *f.*
философ philosophe *m.*
фамилия nom *m.* de famille
фасад façade *m.*
фасон façon *m.*
фарс farce *m.*
ферма férme *m.*
февраль février *m.*
фонтан fontaine *m.*
француз Français
футбол football *m.*

Х
хабар nouvelle *f.*; information *f.*
хабар бермек informer de
хадир prix *m.*, valeur *f.*
хала tante *f.*
халбат secret *m.*
хали tapis *m.*
халта herbe f.
хамир pâte *f.*
хараба ruines *f. pl.*
харбуз pastèque *f.*
хасанчы boucher *m.*
хатабалагь malheur *m.*, danger *m.*
халкъ peuple *m.*
хана pièce *f.;* chambre *f.*
характер caracthère *m.*
характеристика caractéristique *f.*

харж dépense *f.*; frais *m.pl.*
хат 1. lettre *f.*2. écriture *f.*
химия chimie *f.*
хирург chirurgien *m.*
хирургия chirurgie *f.*
хасият singularité *f.*; particularité *f.;* qualité *f.*
хозяин maître *m.*
хозяйство économie *f.*
юрт хозяйство économie agraire
хоккей hockey *m.*
холодильник réfrigérateur *m*
хомурсгъа fourmi *m.*
хоншу voisin
хор 1. chœur *m.* 2. humilié, humble
хореография choréographie *f.*
хораз coq *m.*
хортма baleine *f.*
хум sable *f.*
хурт ver *m.*
хыял imagination *f.*
хыянат trahison *f.*
хыяр concombre *m.*

Ц
целлюлоза cellulose
цемент ciment
цементлемек cimenter
цирк cirque
цикл cycle
цитата citation *f.*

Ч
чабакъ poisson *m.*
чабакъчы mouette *f.*
чагъал chacal *m.*
чагъыр vin *m.*

чай thé *m.*
чай ичмек prendre du thé
чайник théière *f.*
чайхана tchaïhana *m.*; salon *m.* de thé
чакъ1. temps *m.* 2.climat *m.*
чакъырмакъ appeler
чапмакъ courir
чач tresse *f.*
чек chèque *m.*
чекмек fumer
чен fossé
чемодан valise *f.*
чер1. paire 2. maladie *f.*
черленмек tomber malade
чечек fleur *f.*
чёл désert *m.*
чилле soie *f.*
чита carotte *f.*
чорап chaussette f.
чочкъа porc *m.*
чемпион champion *m.*
чуду tarte *f.*
чыдамакъ supporter
чыкъмакъ sortir, aller
чыр mur *f.*
чыракъ bougie *f.*, lampe *f.*
чычкъан souris *f.*
чюй clou *m.*

Ш
шатлыкъ gaité *f.*
шаир poète *m.*
шаира poètesse *f.*
шоколад chocolat *m.*
шайтан diable *m.*
шекер sucre *m.*

шар boule *f.*; globe *m*
шакирд disciple *m.*
шаркъ orient *m.*
шанжал 1. fauteuil *m.*, chaise *f.*
шаршар chute *f.* d'eau, cascade *f.*
шай malheur *m.*
шарт condition *f.*
шарф cache-nez *m.*; écharpe *f.*
шарап vin *m.*; boissons *f.pl.* alcooliques
шахтёр mineur *m.*
шашка jeu *m.* de dames
шагьар ville *f.*; cité *f.*
шахмат échecs *m.pl.*
шиша verre *m.*
шиъуру poésie *f.*
школа école *f.*
шек soupçon *m.*
шпион espion *m.*
шорпа soupe *f.*; potage *m.*
шынжыр chaine *f.*

Щ
щётка brosse *f.*
щи potage *m.* aux choux

Э
эволюция évolution *f.*
эгер si
эзмек presser
экиюзлю hypocrite
экиюзлюлюк hypocrisie *f.*
эл **1.** peuple *m.*; monde *m.*; 2.pays *m.*; contrée *f.*
элек tamis *m.*
элемент élément *m.*
элчи ambassadeur *m.*
элчихана ambassade *f.*

эммек têter
энди maintenant; à présent; actuellement
энли large
энциклопедия encyclopédie *f.*
эпидемиологический épidémique
эпидемия épidémie *f.*
эпизод épisode *m.*
эпли habile; adroit
эр mari *m.*
эра Ere *m.*
эрик 1. abricot *m.*
эрк liberté *f.*
эркек homme *m.*
эрке gâté
эркелетмек gâter
эрте 1. précoce; prématuré; 2. demain
эртен matin *m.*
эртенги du matin; matinal
эс 1. mémoire *f.*; esprit *m.*; intelligence *f*
эсги 1. vieux; 2. usé; sali; vieillerie *f.*
эсгиленмек 1.être usé; 2. tomber en désuétude
эсгермек se souvenir; se rappeler
эслемек faire noter; remarquer
эсли intelligent; sage
эснемек bâiller
этик botte *f.*
этикчи cordonnier *m.*
эшек âne *m.*
эчки chèvre *f.*

Ю

юз 1.face *f.*; figure *f.*; visage *m.* 2.cent 3. surface *f.*; superficie *f.*
юзюк bague *f.*
юкъкъа mince; fin
юзюм raisin *m.*
юк chargement *m.*; bagage *m.*

юн poil *m.;* laine
юрек cœur *m.*
юрекли brave; courageux
юрексиз poltron; couard
юрюш 1.marche *m.* 2. course *f.*
юбилей anniversaire *m.*; jubilé *m.*
юбка jupe *f.*
юмор humour *m.*
юстиция justice *f.*

Я
якорь ancre *m.*
ясли crèche *f.*
юрюмек aller ; marcher
ярмарка foire *f.*
январь janvier *m.*
ярым moitié *f.*; demi
япон Japonais
ябыкъ fermé
ябушдурмакъ coller
ябушмакъ coller; être collé; s'accrocher
ягъа 1. col *m.*; collet *m.* 2.bord *m.*; rivage *m.;* extrémité *f.*
ягъымлы agréable; plaisant
яз printemps *m.*
язмакъ écrire
язывчу écrivain *m.*
язылыш écriture *f.*
якъламакъ défendre; protéger
яхшы bon
яхшылыкъ bonté *f.*
ялгъанчы menteur, menteuse
яман mauvais
яманлыкъ mal *m.*
ялынмакъ implorer; supplier; pleurer
янгыз seul
янгызлыкъ solitude *f.*

янмакъ brûler; chauffer; luire; briller
япыракъ feuille *f.* d'arbre
яра blessure *f.*
яралы blessé
яраламакъ blesser
яраланмакъ se blesser
яратмакъ créer; fonder
ярыкъ lumière *f.*
ярылмакъ se fendre; se lézarder
ярыш compétition *f.*; concours *m.*
яш 1.âge **йигирма уьч яшындагъы улан** jeune homme de 23 ans
2. jeune **яш адам** le jeune homme
3. larme *f.*
4.enfant
яшлыкъ 1. enfance *f.* 2.jeunesse *f.*
яшыл vert
яшыртгъын secret *m.*
яшынмакъ se cacher
ятмакъ se coucher
яяв à pied

BIBLIOGRAPHIE

1.Грамматика кумыкского языка Проф.Н. К. Дмитриев Академия Наук СССР, Москва 1940
2.Языки народов СССР, том 2 тюркские языки,издательство Наука, Москва , 1966
3.Къумукъча-русча сёзлик, З.З. Бамматов,издательство « Советская энциклопедия, Москва 1969

TABLE DES MATIÈRES

Achevé d'imprimer par Corlet Numérique - 14110 Condé-sur-Noireau
N° d'Imprimeur : 800531 - Avril 2018 - Imprimé en France